李燕杰谈教育

山西出版传媒集团
山西人民出版社

图书在版编目（CIP）数据

季羡林谈教育／季羡林著 . —太原：山西人民出版社，2016.7
 ISBN 978-7-203-09361-9

Ⅰ.①季… Ⅱ.①季… Ⅲ.①季羡林（1911—2009）
-教育思想-文集　Ⅳ.①G40-092.7

中国版本图书馆 CIP 数据核字（2016）第 126850 号

季羡林谈教育

著　　者：季羡林
责任编辑：傅晓红
助理编辑：李　靖
装帧设计：刘彦杰
出 版 者：山西出版传媒集团·山西人民出版社
地　　址：太原市建设南路 21 号
邮　　编：030012
发行营销：0351—4922220　4955996　4956039　4922127（传真）
天猫官网：http://sxrmcbs.tmall.com　电话：0351—4922159
E—mail：sxskcb@163.com　　发行部
　　　　　sxskcb@126.com　　总编室
网　　址：www.sxskcb.com
经 销 者：山西出版传媒集团·山西人民出版社
承 印 者：山西出版传媒集团·山西新华印业有限公司
开　　本：889mm×1194mm　1/32
印　　张：9.5
字　　数：200 千字
印　　数：1—5 000 册
版　　次：2016 年 7 月　第 1 版
印　　次：2016 年 7 月　第 1 次印刷
书　　号：ISBN 978-7-203-09361-9
定　　价：38.00 元

如有印装质量问题请与本社联系调换

目　录

高校教育 ························· **001**
　可怕的隔膜 ························· 003
　论所谓大一共同必修科目 ············· 007
　会降低教学质量吗？ ················· 010
　师生之间 ··························· 014
　教学科研应结合，人才要交流 ········· 018
　对新入学的大学生讲几句话 ··········· 020
　何必千军万马都过独木桥 ············· 023
　论书院 ····························· 025
　诚挚的祝贺　热切的希望 ············· 041
　在纪念北京大学《歌谣》周刊创刊七十周年
　　　暨俗文学学术讨论会上的讲话（摘要）··· 043
　我看北大 ··························· 045
　我和北大 ··························· 050
　谈中国的"学统" ····················· 056

论博士 …………………………………………… 063
　　论教授 …………………………………………… 066
　　提高高校学生人文素质的必要和可能 …………… 069
　　我对未来教育的几点希望 ………………………… 074
　　欢送北大进入新世纪、新千年 …………………… 077
　　加强北大清华之联系与协作 ……………………… 080
　　祝贺母校山东大学百岁华诞 ……………………… 082
　　科学应该包括自然科学与社会科学 ……………… 087
　　《华林博士文库》总序 …………………………… 089

外语教育 ………………………………………… 093
　　大学外国语教学法刍议 …………………………… 095
　　论自费留学 ………………………………………… 100
　　我们应该同亚洲各国交换留学生 ………………… 104
　　我们应该多学习外国语言 ………………………… 109
　　论现行的留学政策 ………………………………… 114
　　论聘请外国教授 …………………………………… 121
　　外语教学要为四个现代化服务 …………………… 126
　　汉语与外语 ………………………………………… 128
　　外语教学漫谈 ……………………………………… 148
　　我和外国语言 ……………………………………… 152
　　编写东方语言教材的经验与教训 ………………… 173
　　祝贺《外国语》创刊十周年 ……………………… 180
　　一个老留学生的话 ………………………………… 182
　　学外语 ……………………………………………… 189
　　漫谈出国 …………………………………………… 195

公德教育 · 197

- 容　忍 · 199
- 关于人的素质的几点思考 · 201
- 千禧感言 · 210
- 谈礼貌 · 215
- 知足知不足 · 217
- 有为有不为 · 219
- 公民道德建设与家庭教育 · 222
- 对待不同意见的态度 · 225
- 慈善是道德的积累 · 227
- 爱国与奉献 · 229
- 公德（一） · 232
- 公德（二） · 234
- 公德（三） · 236
- 公德（四） · 239
- 再谈爱国主义 · 241
- 满招损，谦受益 · 244
- 同胞们说话声音放低一点 · 247

再劝读书 · 249

- 坐拥书城意未足 · 251
- 藏书与读书 · 253
- 我和北大图书馆 · 256
- "天下第一好事，还是读书" · 259
- 推荐《吴宓与陈寅恪》 · 262
- 推荐十种书 · 264

我的书斋 …………………………………… 267
推荐《学人》杂志 ………………………… 270
开卷有益 …………………………………… 272
希望在你们身上 …………………………… 275
跨世纪中国人该读什么书 ………………… 278
对我影响最大的几本书 …………………… 282
我最喜爱的书 ……………………………… 285
十年回顾 …………………………………… 290

高校教育

今天，绝大多数的青年热爱祖国，而愿意为共产主义献身的青年也越来越多。你们毕竟还年轻，好多事情不很清楚。世界上根本没有生而知之的人，一时的不知并不等于永远的不知。比如说，你们对资本主义国家的真实情况就不清楚，有一些不切实际的幻想。但这并没关系，你们迟早会清楚的。我们祖国的未来，就在你们身上。你们道德修养的高低，你们业务学习的好坏，你们身体锻炼的强弱，直接影响我们祖国的未来，世界的未来。我希望，你们能意识到自己肩头责任之重，努力学习，奋勇向上，从爱国主义逐步走向共产主义，为人类最伟大的事业而献身。

可怕的隔膜

中国现在的大学教育有许多要改善的地方，与大学有关的人们差不多都知道，而且专家们也都指出来过了。我在这里不能，而且也不敢来讨论这问题。我只想找出一点来谈一谈，就是学生与教员间的关系。我是一个外行人，说的当然也就是外行人的话，但这些话都是由我亲身观察得来的，刍荛之议，也许可以供专家们参考。

我觉得，现在在大学里，学生与教员很多只是职业上的关系。

"职业关系"这个名词是我杜撰的，恐怕不大容易了解。我的意思是，教员的"职业"是教书，学生的"职业"是念书（我在这里把"职业"两个字用到学生身上，与报纸上常见到的那个不通又含混的名词"职业学生"无关），因了"职业"的关系，学生与教员才聚在一起，也就藉了"职业"，他们的关系才能维持下去。换句话说，倘若一方面这"职业"终止了，关系也就随着断绝，仿佛是一个大百货商店的店伙和主顾，店伙卖的是货，主顾买的也是货，只有在交易的时候，他们才有关系，一旦交易完毕，各走各的路。

但实际上知识却同货物绝不相同，它并不像西红柿、土豆之类的东西，只要主顾付了钱，就可以从店伙手里拿到，用袋子装走，回家炒着吃煮着吃。知识是人类心灵经过了学习而获得的东西，其中含了无数的甘苦。学生不但要知道学习获得的结果,更重要的是要知道得到这样结果的过程。其中有很多的曲折,并不是三言两语可以说得清楚的。所以,只有授者与受者能常常接触,要把彼此间的隔膜完全打破,要破除一切官样形式,要彼此都能坦白地说出自己的真正意见,知识才能传授,彼此才能都得到好处。有时候在无意间从心里说出来的极简单的话比在讲堂上的长篇大论还要能给学生以启示,但这样简单而富有启示性的话只有在打破一切形式的束缚的时候才能说得出来。

但在现在的大学里除了很少数的例外以外,学生与教员间的隔膜能说已经都打破了么?我们敢坦白地彼此说出想要说的话吗?我只觉得,现在学生与教员间的隔膜愈来愈大,彼此都没了信任。有些事情,因了年龄的差别,学生与教员的看法不能一样,这是不能勉强的事情。但也有些事情,看法本来可以一样;不过中间让一座墙隔起来,两方面不但不想把这座墙推倒,反而努力加高它,结果就演变成现在这情形。在这样的情形下,知识成了石头一般的死东西。教员怎样说,学生怎样记。心里同意的时候,不能再进一步多得到一点;心里不同意的时候,也不愿意把自己的意见告诉教员,让教员知道自己不同意的地方究竟是在哪里。这些不同意抑压在心里,愈积愈多,有时候也难免要发泄一下。

我并没有责备学生的意思,我知道,一位学生是否敢向教员说他心里想说的话主要关键还在教员手里。我在大学里念书的时候,一位现在"发达"了成为南京二等要人的先生教我们英文。有一次,一位同班学生问了他一个问题,他大声做狮子吼:"回去查字典去!"全班在大惊之余,面面相觑,以后再没有人问他问题。他的宝座于是大稳,但学生同他之间的墙也随着高了起来。

我一直到现在还不明白,这位先生是什么心理。我想他大概觉得学生根本不配问他问题,不配同他讨论,所以他就用禅宗大师的办法断喝一声,把这"乱""截"了下去,以杜后患。于是天下太平,皆大欢喜,他也得以从容从教授爬到要人。

我不否认,大体上说起来,教员比学生知道的总多一点,因为他们对一门学问最少也用过很多年的功了。但学问之道无穷,愈是有学问的才愈觉得自己的学问不足,只有疯狂荒谬的人才会觉得自己已经知道了一切,具备了一切学问。即便研究一个极狭窄的问题,而且已经费了多年的时间,我们也不敢说已经知道了关于这个问题的一切,有时候也难免有疏漏的地方。一个初出茅庐的青年有时候反而能看到一位老学者看不到的地方,因为他对这门学问还没有那样许多成见,那样许多"蔽"。说到观点,我们更不能证明旧的一定就比新的好;换句话说,学生们的观点也可以给教员们许多参考和反省的机会。

那么我们现在究竟应该怎么做呢?我们非要打破这隔膜不行。要想打破这隔膜,当然两方面都要努力:教员应该把学生看成朋友,学生也应该把教员看成朋友,我们要忘掉自己的年纪。我们不说,一个是在"教",一个是在"学"。我们说,大家在共同"学",大家共同努力探寻真理。彼此心里有什么话,要立刻当面说出来。

说对了,对方可以改;说不对,自己也可以反省一下。这样的话,教员才可以在自然流露中说出他的给学生很多启示的心得。学生也可以把他用年轻灵动的眼光看到的东西告诉教员。只有这样,学习才是一种快乐,年长的和年幼的在一团和谐的空气里共同学习。

希腊哲人说:"吾爱吾师,吾尤爱真理。"我希望现在中国为人"师"的有接受学生的批评和意见的雅量,学生有向教员坦白说话的勇气。

1948 年 8 月 8 日

论所谓大一共同必修科目

现在大学里有所谓大一共同必修科目，文、理、法、农、工、医六个学院都有。教育部规定这些科目的时候，当然也请教过许多专家，用意也不能说不好，但我始终觉得还有讨论的必要。因为我自己是学文科的，所以我现在只谈文学院的科目。我自己也知道，我说的不过只是一个人的偏见，但偏见也有供专家参考的价值，所以就写了出来。

文学院的大一共同必修科目共有下列几种：国文、中国通史，外国文、西洋通史，以上两种选习一种；哲学概论、逻辑，以上两种选习一种；普通数学、普通物理学、普通化学、普通生物学、普通地质学、普通心理学，以上六种选习一种；法学概论、政治学、经济学、社会学，以上四种选习一种。

在上面列的这许多科目里，我觉得只有几种大学一年级还有学的必要，譬如外国文是治学的重要工具，逻辑也许对思考和方法方面有点帮助，社会学在中学里多半没有学过，这些在文学院里都不妨学学。但其余的科目我实在想不出一个大学文学院的学生，为什么还要"必修"。

我们先说国文。现在大一国文的选本，花样尽管怎样翻新，内容尽管怎样不同，但材料同中学课本不会有多么大的差异，反正不过是几篇文言，加上几篇白话。这实在用不着再让学生牺牲一年的时间来念也许已经念过几遍的文章。要说是增进学生的国文程度，那么，在六年小学、六年中学之余，一个学生的国文程度似乎应该已经有了点根基；倘若还有学生在十二年以内没有把国文念好，这位学生几乎可以说是已经不可救药，想在大学一年里补起来也绝不可能了。

说到历史，我更觉得滑稽。现在我不知道中小学里的课程已经变到什么程度。我在高小的时候，念过一遍中国历史，到初中又念了一遍，到高中又念了一遍，同时还念了西洋通史。倘若想对中外历史得到一个概念的话，我想这三遍也就够了。即便大学教员比中学教员讲得或者不同一点，但也没有再念一遍的必要。我并不是否认历史的重要，对文学院的同学来说，历史是非常重要的：无论研究什么题目，总免不了同历史发生关系，对这个题目的历史背景总要先弄清楚，但在这里所需要的历史知识多半是很专门的，并不是普通历史课堂上可以学到的。在这时候，能帮助同学解决问题的是史学系比较专门的课程，所谓"中国通史"或"西洋通史"并没有多少用处。

我们现在再谈自然科学。自然科学一共有六种。这六种内，除了数学对研究数理逻辑有用处外，其余的我实在看不出对一位文学院的同学有什么用处。倘若说要获得一点自然科学的常识，那么在中学里念过的也就够了。倘若说要得一点专门的知识，我觉得实在没有这个必要。举个例子说，对一个专门研究阿拉伯文或梵文的学者来说动物学和地质学有什么帮助呢？不懂果蝇遗传规律或地质构造的人一样可以写出很好的阿拉伯文或梵文文法，正如一个不会缝纫的厨子也可以做出很好的菜来。

我们都知道，大学的年限按规定只有四年。即使我们从第一年级起就开始学本系专门的功课，在四年内恐怕也不会学多少。但现在这短短的四年里硬扣除了一年学习这许多所谓"大一共同必修科目"，这真让人难理解。教育当局一方面声明大学是研究专门高深学问的地方，另一方面又把年限只缩成三年，难道在三年内就可以把专门的、高深的学问研究好了吗？倘若大学毕业后还有继续研究的机会，譬如说入研究院或出洋，当然还有时间继续研究。但有这种机会的人实在太少了，大多数的大学生在一生中只有三年时间研究专门学问，然而三年又是多么短的一段时间呵！

我们中国现行的大学制度有许多毛病，譬如说学分制和学年制搅在一起，实行起来就有许多困难，而且理论上也有点说不过去。但这许多毛病影响学生最大的据我看就是这所谓"大一共同必修科目"。这只能浪费学生的时间，缩短学生学习专门知识技能的期限。现在有些学生已经感觉到了，将来他们一定更真切地感觉到。所以我诚恳地希望教育当局能重新考虑一下这些"大一共同必修科目"，最好是干脆取消。

1948 年 11 月 13 日

会降低教学质量吗？
——我对教育与生产劳动相结合的教育工作方针的体会

我们正在进行深入的教学改革。这一次改革的目的就是把教学、科学研究和生产劳动这三件工作拧成一股绳，使它们紧密地结合起来。

这一件十分有意义的工作才刚开始，系统地作总结，现在还不是时候。但是，在过去极短的实践过程中，我们所得到的一些成绩已经可以证明，这个方向是正确的。正像对别的新鲜事物一样，对这一次的教学改革，也有一些人是抱着怀疑态度的。他们担心教学质量会降低。我们现在已经可以告诉这些先生们，他们的担心是多余的。

这些怀疑派的理由虽然从表面上看起来五花八门，很不一样，但是他们共同的理由都不外是学生的"本分"应该是学习，不然还怎能算是学生呢？现在一搞生产劳动，学习时间就给占掉了，学习的时间比以前少，学习的效果当然也就会相应地降低。

看来这种说法就跟数学一样地精确，是十分合乎逻辑的。

即使真是合乎逻辑的话，也是形式逻辑，而绝非辩证逻辑。时间当然是学习的重要条件之一，但绝不是唯一的条件。除了时间以外，还有许多条件。如果缺少了这些条件，时间再多，也不会学习好。

我们都知道，无论做什么事情，都要有足够而正确的动力。没有这种动力，就如升火缺少煤，火当然不会燃烧起来。从什么地方能够得到正确的动力呢？

学习方面的正确的动力是与对学生正确的思想认识紧密联系的。认识愈正确，动力也就愈充足。有了正确的动力，学生就知道，他们学习是为的什么：不是为自己，而是为了一个伟大的目标。这样的动力是持久的，是经得起任何困难的考验的。它绝不会泄气。

思想认识怎样来提高呢？方式是很多的，生产劳动是其中最主要的一个。

上面这些话有点"虚"，我们就来讲一点"实"的吧。

生产劳动不仅能提高人的思想认识水平，它还能直接提高教学质量和科学研究水平。

新中国成立以后，同学们一般都是很努力地，学习成绩也是逐步提高的，但是同我们国家发展的情况比起来，这提高的速度就十分不相称。原因是两方面的：一方面是教，一方面是学。

在教的方面，教材内容还是严重脱离实际，教的方法还是老一套。讲自然科学、工程技术、农村畜牧，以及其他学科的教授，在讲堂上讲得天花乱坠，头头是道，讲义里充满了高深的数学公式，看起来吓人一跳。但是一接触实际，一到现场，很多老教授就束手无策，讲农业的不辨五谷，讲工程的开不动最简单的机器。这样教出来的学生,能够顶什么事,就可想而知了。

在学的方面,老师怎样教,学生就怎样学。学生费了九牛二虎的力量,把老师教的都囫囵吞下去。一接触实际工作,他们的本领决不会胜过老师,他们的思想受了层层的束缚,满脑袋迷信,迷这迷那,学习方法一点也不敢改。这样的学生究竟有什么用,也就很值得怀疑了。

如果参加了生产劳动,这些缺点都可以克服。在生产劳动过程中,师生都接触了实际,知道什么是麦子,什么是韭菜,知道稻子是怎样成长起来的;他们也知道了机器如何开动,电线如何接。现实是比书本子丰富得多的。在实际工作中,他们也解放了思想,破除了迷信,敢想、敢说、敢做。因此,教学的内容就大大地丰富,教学方法也大大地改变。在这样的情况下,教学质量怎能会不迅速地提高呢?

有了上面这一些条件,科学研究水平的提高更如立竿见影。过去有一些人搞科学研究,实际上只是茶余饭后的消遣。他们读外国某专家的论文,在里面发现了漏洞。于是就想把这洞补起来,结果就写成了论文。至于这样的论文究竟能解决什么实际问题,他们是不大管的。他们的目的只是钻冷门,好一鸣惊人。有一位水稻专家,费上多少年的时间来研究水稻的"呼吸"。农民种植水稻的成绩已经达到了每亩十三万斤,这一位专家恐怕连每亩一千三百斤也种不出来。我们决不轻视理论,我们也决不目光短浅,只看到自己的鼻子尖。但是我们的理论必须联系实际。只是一些概念游戏，我们决不承认是理论。

学习过毛主席的《实践论》的人都知道，"只有人们的社会实践，才是人们对于外界认识的真理性的标准"。理论是从实践中来的。在反反复复的实践过程中，理论就形成了，反过来再为实践服务。这样，实践一步步提高，理论也一步步深入。我们的公式是：实践——理论——实践。

从我上面简单的说明里，我们可以看到，实行这种新的教育方针，不但不会降低教学质量和科学研究水平，反而能提高。理论和实践都证明了这一点。我上面已经说过，这个新的教育方针才实行不久。将来实行的时间长了，我们一定会拿出更多的成绩来证明这个方针的正确。

1958 年 12 月

师生之间

我前后在北京住了二十多年，前一段是当学生，后一段是当老师。一直当到现在，而且看样子还要当下去。因此，如果有人问我，抚今追昔，在北京什么事情使我感触最深，我首先想到的就是师生之间的关系。

师生之间的关系是古老的关系了。在过去，曾把老师归入五伦；又把老师与天、地、君、亲并列，师道尊严可谓至矣尽矣。至于实际情况究竟怎样，余生也晚，没有亲身赶上，不敢乱说。

等到我上小学的时候，学校已经改成了新式的学校，不是从《百家姓》《三字经》念起，而是念"人、手、足、刀、尺"了。表面上，学生对老师还是很尊敬的。见了面，学生老远就鞠躬如也，像避猫鼠似的躲在一旁，从来也不给老师提什么意见，那在当时是不可能想象的。老师对学生是严厉的，"教不严，师之惰"，不严还能算是老师吗？结果是学生经常受到体罚，用手拧耳朵，用戒尺打手心，是最常用的方式。学生当然也有受不了的时候。于是，连十二三岁的中小学生也只好铤而走险，起来"革命"了。

我在中小学的时候，曾"革命"两次。一次是对一个图画教员。这人脾气暴烈，伸手就打人。结果我们全班团结一致，把教桌倒翻过来，向他示威。他知难而退，自己辞职不干了。这是一次成功的"革命"。另一次是对一个珠算教员。这人嗜打成性。他有一个规定，打算盘打错一个数打一戒尺。有时候，我们稍不小心就会错上成百的数，那后果就不堪设想了。我们决定全班罢课。可是，因为出了"叛徒"，有几个人留在班上上课。我们失败了，每个人的手心被打得肿了好几天。

到了大学，情况也并没有改变。虽然究竟是大学生了，再不被打手心。可是老师的威风依然炙手可热。有一位教授专门给学生不及格。每到考试，他先定下一个不及格的指标。不管学生成绩怎样，指标一定要完成。他因此就名扬全校，成了"名教授"了。另一位教授正相反。他考试时预先声明，十题中答五题就及格，多答一题加十分。实际上他根本不看卷子，学生一交卷，他马上打分。无不及格，皆大欢喜。如果有人在他面前多站一会，他立刻就问："你嫌少吗？"于是大笔一挥，再加十分。

至于教学态度，好像当时根本就没有这样的概念。教学大纲和教案，更是闻所未闻。教授上堂，可以信口开河。谈天气，可以；骂人，可以；讲掌故，可以；扯闲话，可以。总之，他愿意怎样就怎样，天上地下，唯我独尊，谁也管不着。有的老师竟能在课堂上睡着。有的上课一年，不和学生说一句话。有的在八个大学兼课，必须制定一个轮流请假表，才能解决上课冲突的矛盾。当然并不是每一个教授都是这样，勤勤恳恳、诲人不倦的也有。但是这种例子是很少的。

老师这样对待学生，学生当然也这样对待老师。师生不是互相利用，就是互相敌对。老师教书为了吃饭，或者升官发财。学生念书为了文凭。师生关系，说穿了就是这样。

终于来了1949年。这是北京师生关系史上划时代的一年，是值得大书特书的一年。

从这一年起，老师在变，学生在变，师生关系也在变。十四年来，我不知道经历过多少令人赞叹感动的事情。我不知道有多少夜因欢喜而失眠。当我听到我平常很景仰的一位老先生在七十高龄光荣地参加中国共产党的时候，我曾喜极不寐。当我听到从前我的一位十分固执倔强的老师受到表扬的时候，我曾喜极不寐。至于我身边的同事和同学，他们踏踏实实地向着新的方向迈进，日新月异；他们身上的旧东西愈来愈少，新东西愈来愈多。我每次出国，住上一两个月，回来后就觉得自己落后了。这才知道，我们祖国，我们的老师和学生，是用着多么快速的步伐前进。

现在，老师上课都是根据详细的大纲和教案，这都是事前讨论好的，决不能信口开河。老师们关心学生的学习，有时候还到学生宿舍里去辅导或者了解情况，备课一直到深夜。每当夜深人静我走过校园的时候，就看到这里那里有不少灯光通明的窗子。我知道，老师们正在查阅文献，翻看字典。要想送给学生一杯水，自己先准备下一桶。老师们谁都不愿提着空桶走上课堂。

而学生呢？他们绝大多数都能老师指到哪里，他们做到哪里。他们刻苦学习，认真钻研。我曾在一个黑板报上看到一个学生填的词，其中有两句："松涛声低，读书声高。"描写学生高声朗读外文的情景，是很生动的，也是能反映实际情况的。今天，老师教书不是为了吃饭，更不是为了升官发财。学生念书，也不是为了文凭。师生有一个共同的伟大的目标。他们既是师生，又是同志。这是几千年的历史上从来没有、也不可能有的现象。

如果有人对学生们谈到我前面写的情况，他们一定会认为是神话，或是笑话，他们绝不会相信的。说实话，连我自己回想起那些事情来，都有恍如隔世之感，何况他们从来没有经历过呢？然而，这都是事实，而且还不能算是历史上的事实，它们离今天并不远。抚今追昔，我想到师生之间的关系的变化而感慨万端，不是很自然吗？

想到这些，也是有好处的。它能使我们更爱新中国，更爱新北京，更爱今天。

我要用无限的热情歌颂新北京的老师，我要用无限的热情歌颂新北京的学生。

1963 年 4 月 7 日

教学科研应结合，人才要交流

现在学校出现了人人关心改革、人人谈论改革、人人希望改革的好形势。

改什么呢？

首先，要逐步解决教学和科学研究脱节，教学、科研与生产和应用脱节的问题。从全国讲，我们最大的毛病是照搬外国的模式，成立了两个科学院，国家花了大量科研经费，投资巨大，效益不高。现在绝大多数国家都已不这样做。据我所知，国外有些很有名气的科研机构，或者跟高等学校结合，附设在学校内，既出成果，又出人才，或者跟某些公司、企业结合，使研究成果同生产和应用结合起来。有些国家的科学院只有一个名称，人员几乎都在大学教书。我们的学校也有一个教学和科研结合的问题。一些外国朋友对我们的一些做法，觉得不可理解。他们说，不进行科研怎么能搞好教学，不教学怎么能称教授。我们教学、科研方面的人员老化、知识老化问题很严重。再说，科学研究缺少生气勃勃的青年人，也是有问题的。所以我主张，搞科研的人员，应抽出时间到大学里讲讲课，教学人员也必须抽出时间进行科研。教学和科研人员应定期轮换。

其次，为了解决人才积压、人员老化、知识老化问题，应该促进人才流动，大力培养新生力量。大的大学应该组成讲师团，定期到小城市或边疆的高等学校去任教半年、一年，或者更长一点的时间都可以，使大学教师不致形成学校所有制。我赞成老教师实行退休制度。年纪大了不退休，占着编制，青年人就不容易上来。退休以后，有条件的老教师可以继续发挥作用，带研究生，著书立说。多数老教师总是想把自己的学识贡献给社会的。他们对退休的顾虑，是退休后的研究条件，是否还有好的助手。学校应考虑安排解决。

总之，我们要从积极方面理解当前的改革，这就是要破除过时的条条框框，最大限度地调动人的积极性。人是要有一点压力的，没有压力，没有一点竞争，人就容易变懒。

1983 年 4 月

对新入学的大学生讲几句话

全国高等学校都已经开了学,三十多万高中毕业生进入了大学。这在你们的一生中是一个关键时刻。

五十多年前,我也曾有过同样的经历。我们那时的大学生,同今天的大学生比起来,是完全不同的。且不说社会制度不同,单就你们的见识来说,就远远超过当时的我们。你们现在真是"秀才不出门,便知天下事",广播、电视等等,我们当时做梦也想不到的。

但是,你们也有自己的不利之处。你们是在甜水里泡大的,虽然也可能碰过一些钉子,但基本上处于顺境。你们根本没尝过"三座大山"压迫的味道。你们不懂什么叫帝国主义,不懂什么叫资本主义国家,至少是没有感性认识。因此,虽然谈到爱国主义我们也有共同的语言,但你们的却比较空洞,缺少切肤之痛。我想,你们中间一些人有一些不清楚的或者糊涂的想法是很自然的。

我自己曾在旧社会生活过三十多年,其中十多年是在国外度过的,在新社会也生活了三十多年。我心里有一本账,有一个清晰的对比:中外对比,新旧对比。就拿爱国主义来说吧。在旧社会,外国帝国主义的压迫与剥削,我们时时处处都可以感觉得到。我们憎恶,我们痛恨,我们也反抗,但有时候也难免有点贾桂思想,总觉得作为一个中国人直不起腰来,心里真是酸甜苦辣,说不出是一种什么滋味。我们感觉到,我们的祖国仿佛是一个受难的母亲,我们爱这个母亲,但却有点束手无策。

1949年,毛泽东同志在天安门城楼上昭告天下:中国人民从此站起来了。这一个"站"字,实在非常传神。我们的腰板挺直了,贾桂思想一扫而空。

但是,我们伟大祖国的威望的提高与降低,在国内的人是很难立即感觉到的。但在国外,不管是暂时居留的或者长期居留的华侨,他们简直像寒暑表、气压计,威望一高,立即感受到。1951年我到印度去访问,当地老华侨告诉我,中华人民共和国一成立,印度人对他们立刻刮目相看。我听了心里很高兴。1955年,我又访问印度,老华侨又告诉我,印度人对他们彻底改变态度是在中国人民志愿军打败了美国侵略者之后。他们说,这才是真正的改变。从这一个小例子可以看出,海外游子不管离开祖国多么远,同祖国是息息相关、心心相印的。他们不一定懂共产主义,更不一定喜欢共产主义,但是提高祖国的威望的是共产党,他们爱的就是这样一个共产党领导的祖国。

这些情况你们懂得吗?我想是不懂的。这不能怪你们。我们老一代的人有责任告诉你们。听说,有的大学个别学生说:"爱国教育能接受,对爱党教育有反感。"又说:"爱国与爱党有时不一致。"上面这个例子告诉我们:今天我们难道能够把国与党分开来吗?没有共产党，中华人民共和国能建立吗？没有共产党，抗美援朝能胜利吗？同这个有联系的就是四项基本原则的问题。听说，有的同学说："对大学生要求爱国就可以了，不能要求坚持四项基本原则。"今天，在我们中国，要讲爱国，就只有讲坚持四项基本原则。否则你们想爱的那样的国就根本不能存在。

根据以上的理由，我非常同意一个提法：从爱国主义到共产主义是一个规律或者是一条必由之路。今天，绝大多数的青年热爱祖国，而愿意为共产主义献身的青年也越来越多。你们毕竟还年轻，好多事情不很清楚。世界上根本没有生而知之的人，一时的不知并不等于永远的不知。比如说，你们对资本主义国家的真实情况就不清楚，有一些不切实际的幻想。但这并没关系，你们迟早会清楚的。我们祖国的未来，就在你们身上。你们道德修养的高低，你们业务学习的好坏，你们身体锻炼的强弱，直接影响我们祖国的未来，世界的未来。我希望，你们能意识到自己肩头责任之重，努力学习，奋勇向上，从爱国主义逐步走向共产主义，为人类最伟大的事业而献身。

1983 年 8 月 11 日

何必千军万马都过独木桥
——谈发展职业技术教育问题

"关系到四化建设成败的职业技术教育,为何到现在才开始引起人们的注意?"参加全国教育工作会议的著名学者、北京大学东语系教授季羡林,在会议期间向记者剖析了产生这个问题的历史原因。

季羡林介绍说,从唐朝开始实行的科举制度,一直沿袭了一千多年。在漫长的封建社会里,这条选拔人才的唯一途径,使人们形成了一个牢固的观念,只有走秀才——举人——进士——状元的路,才是正途。《儒林外史》里范进中举的故事,就是这种社会观念的反映。

"直到今天,恐怕也不难找到新的范进吧?"记者说。

"是的。因为我们丢不下一千多年来形成的这个沉重的思想包袱。现在做父母的,一心巴望自己的孩子考上大学,几次考不上,也还要考。旧的思想包袱,在新的社会条件下,变成了新的形态:小学——初中——高中——大学,近几年来又加上了学士——硕士——博士。如果谁家孩子不得已上了中专、技校或职业高中,就似乎脸面上不光彩。因此,千军万马都来挤这一座独木桥。其实,这又何必呢。"

季羡林接着告诉我,杨振宁教授自己是搞理论物理的,可他曾几次强调，中国不应花很多钱去研究理论物理，应该更多地注意实用技术人才的培养。季羡林认为这个观点是对的。他说："我国固然需要很多理论家、科学家，但四化建设更需要千千万万的初、中级技术人员，管理人员，技术工人，没有这'千千万万'，粮食上不去，煤炭上不去，机械上不去，那怎么行？现在，把发展职业技术教育看成是关系四化建设成败的大事，这是完全正确的。联邦德国和日本所以能够在不长的时期内做到经济起飞，一个重要原因，就是极大地重视了职业技术教育。"

季羡林曾在德国住过好多年，他说："德国人是很欣赏学位、头衔的，但是奇怪的很，他们并不存在独木桥。联邦德国青年中学毕业后，大多数人主动接受中等或高等职业技术教育。什么原因？其中最重要的一条，是各种专门技术人员的工资相当高，社会上也不歧视他们。美国也是如此，有的实验员比教授的工资还高。"

"所以，要使职业技术教育能够大大发展起来，一方面要洗洗旧脑筋，改改旧习惯。另一方面，也要有相应的各项制度，包括工资制度。我相信，这样做了，目前那种千军万马过独木桥的现象，是会逐步改变的。这对于培养国家需要的各类各层次的人才，进行四化建设，具有关键性的意义。"

刘鸿采写

原载《北京日报》1985年6月1日

论书院

中国是世界上著名的文明古国。在全世界所有的国家中，中国是唯一的有长达几千年的延续不断的教育传统的国家。这个传统当然随着历史的发展而演变，到了19世纪末年，终于来了一个大转变：西方的资本主义教育制度传了进来，到现在也已有将近一百年的历史了。这个新教育制度，在中华人民共和国建立以后，虽经改造，基本上被保留下来。它起了很大的作用，但不能说完美无缺。为了适应社会主义建设的需要，重新对中国古今教育制度做一个全面的、实事求是的检查，显然是非常必要的。这个检查目前还只能非常简略。

一、中国历史上的教育制度[①]

中国几千年的教育制度，从组织结构上来看，大体上可以分为两类：一官，一私。远古时期，渺茫难窥，这里不谈。公元前三千纪末到二千纪中，夏代已有"庠""序""校"三种学校。到了公元前二千纪中叶至末叶的商代，又增加了"学"和"瞽宗"。"学"有大小之分。除了训练学生祭祀和打仗之外，还进行读、写、算的教学。西周集前代之大成，初步具有了学制系统。学制系统分国学

---

①这几节的论述主要根据毛礼锐主编的《中国教育史简编》。

与乡学两类。国学是中央官学，乡学是地方官学。国学分大学与小学两级。大学中有天子设立的五学和诸侯设立的泮宫。乡学中有塾、庠、序、校之分。这样一套制度对其后的中国教育有深远的影响。我国古代一直沿用此制，只是稍加变化，改换一些名称。西周国学的教育内容包括四个方面，即三德、六行、六艺、六仪，其中六艺是最基本的。所谓六艺指：礼、乐、射、御、书、数。从字面上也可以看出来，这里面文武兼备，知识与技能并举。这种教育制是密切为当时的政治服务的。乡学以社会教化为务，内容有六艺、七教、八政以及乡三物等。总之，西周的教育已由殷商的宗教武士教育，转变为文武兼备的教育。

秦代实施以吏为师、以法为教的文教政策，是学校教育的一个倒退。

到了西汉，汉武帝正式制定了博士弟子员制度，兴办了太学。这在教育史上是一件大事。汉代官学分中央官学与地方官学两类，这里明显地受了西周的影响。

魏晋南北朝时期，封建官学时兴时废。

到了唐代，在初唐的一百多年内，生产发展，经济繁荣，成为世界上一个，也许是第一个强大的帝国。统治者对教育特别重视，官学达到了相当完善的地步，为以后的官学制度奠定了基础。这时的官学仍然分为两级：中央官学和地方官学。与前代不同之处在于组织更细致了，内容更丰富了。中央官学中的国子学、太学、四门学、广文馆都专修儒经。这可以说是唐代教育的主干。此外还有专修律学、算学、书学的学校，医学校、卜筮学校、天文、历算、漏刻学校，兽医学校，校书学校，等等。另外还有一些特殊学校。所有这些学校目的都是为当时的政治、经济服务的。在教学行政方面，唐承隋制，设立国子监，管理六学，以祭酒为教育最高长官。国子监的职能一直保留到清代学部成立。不过明清两代，国子监常与国学、太学混称。

宋代的官学对学生入学资格逐渐放宽，教育对象不断扩大，学校类型增加了，教学内容扩大了，增设了武学和画学。

元代对我国古代地方官学有特殊贡献，创设了诸路阴阳学，发展了天文、历算等科技教育；又创设了社学，以满足农业的需要；此外还创设蒙古国子学与回回国子学。

明承元制，仍设社学，但以教化为主。国子学以学习儒家经典为主。地方官学，除治经外，礼、乐、射、御、书、数还设科分教。

清代教育制度多承前代旧制。国子监生的对象范围比以前更宽。地方官学比较普遍。教学内容仍以儒家经典为主。另设觉罗学、旗学、土苗学等等。雍正、乾隆还设有俄罗斯学馆（堂），教汉满子弟习俄文。

我在上面简略地讲了我国古代的官学制，现在再讲一讲私学制。

古代私学包括家传与师授两种，起源极早。但是作为一种教育制度，则兴起于春秋战国之际。生产发展给私学奠定了经济基础。又由于复杂的政治斗争，需要兴私学、养士人。此外，文化下移也推动了私学的发展。在这样的情况下，私学在全国各地兴起，到了孔、墨两大显学崛起，私学发展如日中天。由此而形成的儒、墨两大学派互相攻伐，支配中国思想界达数百年之久。战国中期，百家争鸣，诸子私学蜂起，成为中国历史上最有活力的时代之一，影响深远。

到了汉代，经师讲学之风特盛。东汉私学学生人数超过太学。汉代官学和私学各有偏重，官学以今文经为主，而私学则以古文经为主，东汉末出现了综合今、古的趋势，郑玄为代表。

在魏晋南北朝时期，私学稍衰，但仍盛于官学。

隋唐之际，官学繁荣，私学也极发达。隋王通私人讲学，唐代开国名臣中有一些人就出王通之门。唐代有的学者身在官学，却又私人授徒。

宋代私人讲学极为发达。南宋书院大兴。书院原为私学性质。但是，元、明、清书院渐有官学性质。到了后来，有的遭禁毁，有的沦为科举预备场所。

二、书院的滥觞与发展

书院是中国封建社会的一种教育组织形式，但并非中国所专有。我认为，古代希腊苏格拉底、柏拉图、亚里士多德等师徒授受的所在地叫 akademe，也是一种类似中国古代书院的组织，只是后来没有像中国这样发达而已。书院以私人创办为主，有时也有官方创办的。其特点是在个别著名学者领导下，积聚大量图书，聚众授徒，教学与科研相结合。从唐五代末到清末有一千年的历史，对我国封建社会的教育，产生过重大的影响。要读中国教育史，要研究现在的教育制度，应着重研究书院制度。从这个研究中，我们可以学习到很多有用的东西。

书院这个名称，始见于唐代。当时就有私人与官方两类。在最初，书院还仅仅是官方藏书、校书的地方，有的只是私人读书治学的地方，还不是真正的教育机构。清代诗人袁子才在《随园随笔》中写道："书院之名起唐玄宗时，丽正书院、集贤书院皆建于朝省，为修书之地，非士子肄业之所也。"但是，唐代已有不少私人创建的书院，《全唐传》中提到的有11所。这些也只是私人读书的地方。

真正具有聚徒讲学性质的书院，起源于庐山国学，又称白鹿国庠，地址在江西庐山，为著名的白鹿洞书院的前身。陆游的《南唐书》中有关于庐山国学的记载。总的来看，聚众讲学的书院形成于五代末期。有人主张，中国的书院源于东汉的"精舍"或者"精庐"，实则二者并不完全相同。

北宋初年，国家统一，但还没有充足的力量来兴办学校，于是私人书院应运而生。庐山国学或白鹿国庠，发展为白鹿洞书院。接着有很多书院相继创建，有"四大书院"或"六大书院"之称。除白鹿洞书院外，还有岳麓书院、应天府书院、嵩阳书院、石鼓书院和茅山书院。

到了南宋，书院更为发达。其数量之多、规模之大、组织之严密、制度之完善，都是空前的，几乎取代了官学，成为主要教育机构。南宋书院发达，始于朱熹修复白鹿洞书院。后来朱熹又修复和扩建了湖南岳麓书院。书院之所以发达，原因不外是理学发展而书院教学内容多为理学；官学衰落，科举腐败；许多著名学者由官学转向私人书院；印刷术的发展提供了出书快而多的条件，而书院又以藏书丰富为特点。有此数端，书院就大大地发展起来了。

元代也相当重视文化教育事业，奖励学校和书院的建设。不但文化兴盛的江南普遍创建或复兴了书院，连北方各地也相继设立了书院。但书院管理和讲学水平都很低。

到了明初，情况又有了改变。政府重点是办理官学，提倡科举，不重视书院，自洪武至成化一百多年的情况就是这样。成化（1465—1487）以后，书院才又得复兴。至嘉靖年间（1522—1566）达到极盛。明代书院由衰到兴，王守仁、湛若水等理学大师起了重要的作用。为了宣扬他们的理学，他们在所到之处，创建书院。明代末年影响最大的是东林书院。在这个书院里，师生除教学活动外，还积极参与当时的政治活动。这当然受到统治者的迫害，天启五年（1625），太监魏忠贤下令拆毁天下书院，首及东林，兴起了中国历史上有名的迫害东林党人的大案。

到了清初，统治者采取了对书院抑制的政策。一直到雍正十一年（1733）才令各省会设书院，属官办性质。以后书院发展到了两千余所，数量大大超过前代，但多数由官方操纵，完全没有独立自主的权力，因而也就没有活力。也有少数带有私人性质的书院，晚清许多著名的学者在其中讲学。

统观中国一千多年的书院制，可以看到，书院始终是封建教育的一个重要组成部分，与统治者既有调和，又有斗争。书院这种形式还影响了日本、朝鲜和东南亚一些国家。

这样的书院制有些什么特点呢？毛礼锐主编的《中国教育史简编》对中国书院的特点做了很好的归纳。我现在简要地叙述一下。他认为特点共有五个：

1. 教学与科研相结合

书院最初只是学术研究机关，后来逐渐成为教学机构。教学内容多与每一个时代的学术发展密切联系。比如南宋理学流行，书院就多讲授理学。明代王守仁等讲一种新的理学"心学"，于是书院也讲心学。到了清代，汉学与宋学对立，书院就重经学，讲考证。

2. 盛行"讲会"制度，提倡百家争鸣

在南宋，朱熹和陆九渊代表两个不同的学派。淳熙二年（1175），两派在鹅湖寺进行公开辩论。淳熙八年（1181），朱熹邀请陆九渊到自己主持的白鹿洞书院去讲学，成为千古佳话。明代"讲会"之风更盛。王守仁和湛若水也代表两大学派，互相争辩。这种提倡自由争辩的讲会制度，一直延续到清代。

3. 在教学上实行门户开放

一个书院著名学者讲学，其他书院的师生均可自由来听，不受地域限制和其他任何限制。宋、明、清三代都是如此。

4. 学习以个人钻研为主

书院十分注重培养学生的自学能力，非常重视对学生的读书指导。宋、元、明、清一些大师提出了不少的读书原则。有的编制读书分年日程。有的把书院的课程分门别类，把每天的课程分成若干节。他们都注重学生的全面发展。导师决不提倡学生死记硬背，而是强调学生读书要善于提出疑难，鼓励学生争辩，教学采用问难论辩式。朱熹特别强调"读书须有疑"，"疑者足以研其微"，"疑渐渐解，以致融会贯通，都无所疑，方始是学"。吕祖谦更提出求学贵创造，要自己独立钻研，各辟门径，不能落古人窠臼。总的精神是要学生不断有发明创造。

5. 师生关系融洽

中国教育素以尊师爱生为优良传统。这种精神在私人教学中表现得尤为突出。书院属于私人教学的范畴，所以尊师爱生的传统容易得到体现，在官办学校中则十分困难。朱熹曾批评太学师生关系："师生相见，漠然如行路之人。"他指出，其原因在于学校变成了"声利之场"，教学缺乏"德行道艺之实"。他自己身体力行，循循善诱，对学生有深厚感情。但是，他对学生要求极严，却不采取压制的办法。他说："尝谓学校之政，不患法制之不立，而患理义之不足以悦其心。夫理义不足以悦其心，而区区于法制之末以防之，其犹决湍水注之千仞之壑，而徐翳萧苇以捍其冲流也，亦必不胜矣。"②

---

②见《晦庵文集》，卷七十四。

这些话到了今天还很值得我们玩味。明代王守仁也注意培养师生感情。明末的东林书院，师生感情更是特别深厚。

上面我撮要叙述毛礼锐等的对书院特点的五点总结。在组织管理方面，书院也有特点，如管理机关比较精干，经费一般能独立自主等等。

三、新教育制度的兴起

随着西方殖民主义者侵略的加强，随着清代封建统治的日益腐朽，自19世纪中叶起，中国有识之士就痛切感到，中国的政治经济等非改革不行，教育当然也在改革之列。魏源认为，理学"上不足致国用，外不足靖疆国，下不足苏民困"，简直是一点用处都没有。他主张向西方学习，改造中国的传统教育。魏源以后直至19世纪末叶，有不少人说八股文无用，主张翻译外国书籍，引进外国制度。洋务运动兴起以后，新教育也随之而兴，创建新型学校，设立同文馆，学习外国语文，开展工业技术教育，创办船政学堂、机器学堂、水师学堂、武备学堂、水陆师学堂，派遣留学生，等等。1898年百日维新以后，设立京师大学堂，为现在北京大学的前身。又逐渐废科举，废八股文。经过了许多波折，以西方资本主义教育为模式的中国新教育制度基本上建立起来，在中国教育史上开辟了新的篇章。

四、书院在今天的意义

我在上面非常简略地叙述了中国几千年教育发展的历史，从奴隶社会，经过封建社会，一直讲到近代受西方资本主义教育影响的新教育制度。我着重讲了书院制度。到了今天，我们已经进入了社会主义初级阶段。我们的教育已经超越了封建教育和资本主义教育。中国历史上的书院在今天还有意义吗？为什么最近几年来又出现了书院这个名称和组织呢？这是一种倒退呢，还是一种进步？这一些都是我们非思考不行的问题。

为了说明问题，我先举一个眼前的例子。1984年，北京大学哲学系中国哲学史教研室一些教师创办了中国文化书院。没有接受政府一文资助，在不长的时期内就做出了巨大的成绩，取得了惊人的发展。书院团结了一些大学和社会科学院以及其他机构已退休或尚未退休的教授和研究员，同台湾学者加强了联系，同海外华裔和非华裔学者建立了经常的巩固的关系，开办了一系列的讲座，出版了一批学术著作，建立了口述历史和为老学者录音录像的机构，等等。建立一个藏书丰富的专业图书馆的工作也正在进行。全院的同仁们正在斗志昂扬地从事书院的建设和开拓。这样的成绩当然引起了社会上的注意。在不太长的时期内，以书院命名的机构接踵兴起，形成了一股"书院热"。这些书院的兴起是否就是受了中国文化书院的影响，我不敢说，它们的详细情况，我也不清楚。我只想指出，有这样多的书院已经建立起来，这个现象值得我们思考而已。

为了回答我在上面提出的有关书院的问题，我现在想结合古代中国书院的那些特点和当前中国文化书院的经验，谈一谈书院在今天的意义。我想从六个方面来谈：

1. 书院可以成为当前教育制度的补充

我国今天的教育制度，从内容上来看，应该说是社会主义的。但是从组织上来看，基本上是西方那一套。我们同资本主义国家一样，需要大批的建设人才。封建主义那种小批量培养人才的方式，远远不能满足要求。我们只能采用西方资本主义国家的大批量的生产方式，这种方式须要有严格的教学计划、课程设置、学分计算、教学组织，一切都要标准化、计量化。资本主义国家大学里计算学分的办法，一方面能比较精确地确定学生的学习量，满了一定的学习量才能毕业；另一方面也用来确定教师的教学量，以便取得报酬。这一切都是资本主义的核心精神金钱问题所决定的。我们之所以采用这种制度，当然不是为金钱问题所左右，而是为了适应大批量培养人才的需要。

仅仅采用这样的制度够不够呢？我认为是不够的。在中国几千年的历史上，办教育一向是官、私两条路，这也可以说是一种两条腿走路吧，两者互相补充，历史证明是行之有效的。可是现在我们只剩下一条腿，只剩下官方一途，私人教育基本上不存在了。我个人认为，这无疑是一个损失。在过去执行这个政策，道理还能讲得通。今天在大家觉悟普遍提高的基础上，国家又正在进行改革，在教育方面是否也可改革一下呢？如果可以的话，提倡创办书院，鼓励私人办学，继承我国的优秀传统，实在是可以试一下的。

书院这种形式能适应今天的情况吗？我不妨先举一个例子。清华大学在建成大学以前是留美预备学校。到了20年代初,又创办了一个研究国学的机构,聘请王国维、梁启超、陈寅恪、赵元任为导师。这也是一种双轨制:一条轨道是西方式的新制度,有严格的教学计划,开设课程,计算学分,规定毕业年限,决定招生办法,都按计划进行;另一条轨道是什么计划也没有,招生和毕业都比较灵活。在一所学校内实行两套办法。如果想做比较研究,这实在是最好的样板。比较的结果怎样呢?正规制大学大批量地培养了国家建设所需要的干部,也出了一些著名的学者、教授。那个不怎么正规的国学研究部门,培养出来的人数要少得多,但几乎个个都成了教授,还不是一般的教授。这个结果实在值得我们深思。

清华的国学研究部门无书院之名,而有书院之实。它不能算是私人创办的,其精神却与古代书院一脉相通。另外一个例子是章太炎在苏州创办的国学研究所,也培养了一些人才。我在这里举的例子都属于国学范畴,其他学科我认为也是可以尝试的。这说明,私人办的书院在今天仍有其意义。古代书院那一些优良传统,比如说讲会制度,提倡自由争辩,门户开放,注意培养学生独立钻研的能力,师生关系融洽,等等,我们在书院中都应该继承和发扬。只希望我们教育当局找出一种承认书院学生资格的办法,不用费很大的力量,培养人才的数量就可以增加,质量也可以提高。何乐而不为呢?

2. 书院可以协助解决老年教育问题

据说现在世界上有一个新名词,叫作"终身教育"。中国的成人教育有一部分同它类似，但似乎不包括老年教育，所以二者不完全相同。外国许多老人，在退休之后，到大学里报名入学，读硕士或博士学位。中国还没听说有这种情况。但是，今天中国人的平均寿命已经大大地提高，老人将会越来越多。有朝一日，老人教育也会成为问题的。我认为，书院可以帮助解决这个问题。

3. 书院可以发挥老专家的作用

中国人平均寿命越来越高，老教授、老专家退休后活的时间也会越来越长。这是件好事，但也带来了新问题。这些老教授、老专家退休后作用如何发挥呢？方法当然有多种多样，有的可以继续著书立说，有的可以当顾问，有的可以联合起来，搞一些社会福利事业。但是，没有适当的机构加以组织，他们的作用发挥有时会碰到困难，交流信息也会受到障碍。在今天社会上想单枪匹马搞出点名堂，几乎是不可能的。

我在这里想特别提一下博士生导师的问题。这些导师绝大部分都是有真才实学的，而且是经过了一定的选举和审批手续，才获得博士生导师的资格的。他们到了年龄退休以后，有的为本校或本研究院返聘，继续指导博士生。但是也有一些，由于种种原因，拒绝返聘，不接受指导博士生的任务。现在全国博士生导师为数不多。老的退休了，新的上不来。许多大学都面临着这种青黄不接的局面。中年博士生导师，有的也有相当高的水平，可是在某一些方面，一时还难以达到老专家的水平。在这样的情况下，如果再让一些有能力的老教授、老专家投闲置散,对国家是一个损失。这样下去,对我国博士生的培养工作是非常不利的。倘若有一些书院一类的机构,退休老教授乐意在里面工作,乐意指导研究生,岂非两全其美?中国文化书院就有这样的导师,可惜限于现行的制度,他们无法指导博士研究生。如果有关当局本着改革的精神,授权给某一些有条件的书院,让已经取得带博士生资格的老教授、老专家在这里指导博士生,对我们国家的教育事业不是一个大贡献吗?我个人认为,将来培养博士或博士后的任务可以分一点给书院。国务院学位委员会和国家教委应该承认这样培养出来的博士的资格,并且一视同仁地发给证书。这样一来,国家出不了多少钱,既调动了退休老教授、老专家的积极性,又培养了高级人才,促进了学术的发展,岂非一举数得吗?

4. 书院可以团结海内外的学者

中国文化书院聘请了一些学有专长的导师,已经退休的和尚未退休的都有;海内外的学者都有,不限于华裔,同时也不时邀请海外学者来院做学术报告或参加座谈会。特别值得一提的是,这样的学者中也有台湾学者。这在当前是非常有意义的工作,不言而喻。这样的工作由政府机构出面来做,不如由民间机构。原因是,这样可以绕开台湾当局制造的一些困难。海峡两岸的学者都有一个共同的愿望:祖国统一。不管通过什么途径来大陆的台湾学者,同大陆的同行们,共同在学术上切磋琢磨,互相启发,不谈政治问题,而心心相印。

5. 书院可以宣扬中国文化于海外

中国有极其悠久、极其优秀的文化传统，对全世界文化的发展起过重大的作用。近代以来，我们开始向西方学习，这是完全必要的。到了今天，我们强调开放，其中包含着向外国学习，这也是完全必要的。但是，既然讲文化交流，就应该在"交"字上做文章。这并不等于要等价交换，出和入哪一方面多了一点或少了一点，这无关紧要。但是，如果入超或出超严重，就值得考虑。以我的看法，现在我们是入超严重，出几乎等于没有。难道我们都要变成民族虚无主义者吗？现在世界上许多文化先进国家对我国的文化，特别是近现代的文化了解得非常少，有时候简直等于零。这不利于国际大团结，也不利于我们向外国学习。可惜这种情况还没有引起应有的重视。中国文化书院的任务之一，就是向外国介绍中国文化，它已经做了大量的工作，今后还将坚持不懈地继续做下去。我们绝不搞那一套什么都是世界第一，那是自欺欺人之谈，但也绝不容许中外不管什么人士完全抹杀中国文化的精华，那也不是实事求是的态度。

6. 书院可以保存历史资料

从中国文化书院的经验来看，书院可以在保存历史资料方面做不少的工作。中国文化书院目前正在进行的有关这方面的工作有两项：一是记录口述历史，一是为老学者、老专家录音录像。这都是有意义的工作，还带有点抢救的性质。这里的工作对象当然不是什么国家显要人物。但是难道只有国家显要才有被录音录像的资格吗？为这些人进行这样的工作，很有意义，我完全拥护。为并非显要而在某一方面有点贡献的人，进行这样的工作，也自有其意义，这也是了解我们民族的历史所不可缺少的。

  我在上面从六个方面谈了书院在今天的意义。当然不会限于这几个方面，我不过目前只想到这些而已。归纳起来，我们这样说，在中国流行了1000年的书院这种古老形式，在今天还有其意义。我们完全可以取其精华，去其糟粕，利用这个形式，加入新的内容，使它为我们的社会主义建设服务。

1988年6月24日

诚挚的祝贺 热切的希望

——祝贺《中华人民共和国学位条例》实施十周年

今年一月是《中华人民共和国学位条例》实施十周年。我从一开始就参加了这项工作,自谓有足够的感性认识,能比较深刻地了解它的重要意义。现在就在这个了解的基础上,表示我诚挚的祝贺。

这个中国历史上空前的条例,在过去十年内,起了巨大的作用。这一点有目共睹,用不着我再费词宣扬。它加强了旧学科的改造与更新,促进了新学科的建设,弥补了过去学科建立中的空白点,扩大了学科点的分布面,在国家教委和两个科学院的高等学校与科研机构的范围以外促成了全国学科的建设,调动了全国科研单位和广大知识分子的主动性与积极性。总之,它对我国社会主义建设人才的培养,做出了重要的贡献。

除了祝贺以外,我还想提一点希望。学位制度、导师制度同科研机关和高等学校的职称评定工作一样,成绩是主要的,这一点决不容抹杀。但是,里面也决不能说一点问题都没有。我个人认为,问题表现在两个方面:一是单位与地区间的不平衡,一是个别单位掌握过宽。上述这些制度的目的无非是想调动大家的积极性,这一点可以说已经做到了。但是,如果掌握标准不平衡或者过宽,则会反过来影响一部分人的积极性。这种消极的现象在过去确已出现，在报纸上和人们的谈话中，时常能够读到和听到。前不久，国务院学位委员会召开会议的前几天，我收到了一封匿名信，附有一份从报纸上剪下来的文章，信和文章讲的都是对评定教授职称过滥提出的批评，也讲到评选博士生导师时不够严格的情况。我相信，这不是个别的意见，应该引起我们的重视。

因此我希望，我们学位委员会，还有国家教委，以及有关的高等学校和科研机构，在实施学位条例时，要掌握得严一点，再严一点。这决不会有什么坏处，反而更能调动大家的积极性。

1990 年 12 月 25 日

在纪念北京大学《歌谣》周刊创刊七十周年暨俗文学学术讨论会上的讲话（摘要）

我对于民间文学是个外行。钟老对我很推心，找我参加。后来段宝林同志也找我。今天本来有一个比较重要的活动，再三请我参加，我推掉了，而是到这里来。我感到很高兴，见到了很多多年不见的人，而且还有我的老师。钟老是我的老师，杨堃教授也是我的老师。

我不想讲那么多话，只想讲两点比较实际的。第一点是歌谣的用处。刚才几位同志都讲了，我看了些文章，大家都强调歌谣对文学创作的用途，其中有一条讲的是采风。封建社会里的采风，实际上是搞民意测验。它也反映了一点真正的民意。现在我们国家反映民意的渠道很多，如各级人民代表大会。它们是反映了民意。是否全面？恐怕也不是。所以对我们今天的新歌谣还是要采一采风。前段日子王蒙在《随笔》上写了一篇文章《也算下情》，里边讲到最近两三年有些顺口溜很流行，话说得不太好听："一等公民是公仆，子孙后代都幸福；二等公民搞承包，吃喝嫖赌全报销。"下边还有，我就不说了。这里边恐怕是流露了一定的真情。搞研究我想是应该重视搜集这些歌谣的，不用担心，"良药苦口利于病，忠言逆耳利于行",没什么坏处。

还有一点,我想现在的大学,像北京大学、北京师范大学,都有中文系,每个大学都应办出自己的特点。国外是这样,每个大学都有自己的重点,有重点的系,重点的系里有重点的学科。新中国成立后我国大学对于文学的研究,我想北大是一个重点,还有武汉大学、杭州大学、四川大学、中山大学、复旦大学、南京大学……像俗文学,我很孤陋寡闻,我想是否北大是一个中心,北师大有钟老在,也是一个中心,别的大学就不清楚了。现在在座的都是搞文科的,我想以后我们的教育经费的投入不要搞得太平均,对重点系、重点学科应重点支持。教委也在抓重点学校,这很有必要。

1992 年 12 月 17 日

我看北大

也许是出于一种偶合，北大几乎与 20 世纪同寿。在过去一百年中，时间斗转星移，世事沧海桑田，在中国产生了天翻地覆的变化，而北大在人事和制度方面也随顺时势，不得不变。然而，我认为，其中却有不变者在，即北大对中国文化所必须负的责任。

古人常说，某某人一身系天下安危。陈寅恪先生《挽王静安先生》诗中有一句话："文化神州丧一身。"而我却想说北大一校系中国文化的安危与断续。我并不是否认其他大学也同样对中国文化的传承起了作用，但是其间有历史长短的问题，有作用断续的问题，与所处地位不同的问题。这些都是活生生的事实，想能获得广大教育界同仁的共识，并非我一个人老王卖瓜，信口开河。

我所谓"文化"是最广义的文化，精神和物质两个方面都包括在里面。但是狭义的文化，据一般人的理解，则往往只限于与中文、历史、哲学三个系所涵盖的范围有关的东西。而在北大过去一百年的历史上，这三个系，尽管名称有过改变，却始终是北大的重点。从第一任校长严复开始，中经蔡元培、胡适、傅斯年（代校长）、汤用彤（校委会主席）等等，都与这三个系有关。至于在过去一百年中，这三个系的教授，得大名有大影响的人物，灿如列星，不可胜数，五四运动时期是一个高潮。这个运动在中国文化学术界、思想界甚至政界所起的影响，深远广被，是无论怎样评价也不为高的。如果没有五四运动，我们真不能想象今天中国的文化和教育会是一个什么样子。

中华民族是一个伟大的民族，我们有五千多年的历史文化传统，而又从没有中断过，这在世界上是独一无二的。我们又是一个毫不吝啬的民族，我们的四大或者更多的大发明，传出了中国，传遍了世界，促进了人类社会的进步，推动了人类文化的发展，为全球人民谋了极大的福利，功不可没。

可惜的是，自从西方工业革命开始时起，欧风东渐，我们中国逐渐沦为半殖民地半封建社会，昔日雄风，悄然匿迹，说实话，说是"可惜"，是我措辞不当。我在最近几年曾反复强调"三十年河东，三十年河西"之说。激烈反对者有之，衷心赞同者亦有之。我则深信不疑。欧风东渐，东西盛衰易位，正是符合这个规律的，用不着什么"可惜"。

到了现在，"天之骄子"西方人所创造的文化，其弊端已日益显露。现在全世界的人民和政府都狂呼要"保护环境"，试问环境之所以需要保护，其罪魁祸首是什么人呢？难道还不是西方处理人与大自然的关系不当，视大自然为要"征服"的敌人这种想法和做法在作祟吗？

我们决不想否定西方近几百年来对人类生活福利所做的贡献，

那样做是不对的。但我们也决不能对西方文化所造成的弊端视而不见。"西方不亮东方亮",连西方的有识人士也已觉悟到,西方文化已陷入困境,唯一的挽救办法就是乞灵于东方,英国大历史学家汤因比就是其中一人。

我们东方,首先是中国,在处理人与大自然的关系方面,是比较聪明的。至少在理论上是这样,在行动上我们同西方差别不大。

我们有一种"天人合一"的理想,自先秦起就有,而且不限于一家,其后绵延未断。宋朝大哲学家张载有两句话,说得最扼要,最准确:"民,吾同胞;物,吾与也。""与"的意思是伙伴,"物"包括动物和植物。我们的生活来源都取之于大自然,而我们不把大自然看作敌人,而是看作朋友。将来全世界的人都必须这样做,然后西方文化所产生的那些弊端才能逐渐克服。否则,说一句危言耸听的话,我们人类前途将出现大灾难,甚至于无法生存下去。

前几年,我们中国学术界提出了一个口号:弘扬中华民族优秀文化。这口号提得正确,提得及时,立即得到了全国的响应。所谓"弘扬",我觉得,有两方面的意义:一个是在国内弘扬,一个是向国外弘扬。两者不能偏废。在国内弘扬,其意义之重要尽人皆知。我们常讲"有中国特色的",这"特色"无法表现在科技上。即使我们的科技占世界首位,同其他国家相比,也只能是量的差别,无所谓"特色"。"特色"只能表现在文化上。这个浅近的道理,一想就能明白。在文化方面,我们中华民族除了上面所说的"天人合一"

的思想以外，几乎是处处有特色。我们的语言，我们的书法，我们的绘画，我们的音乐，我们的饮食，我们的社会风习，我们的文学创作，等等，等等，哪个地方没有特色呢？这个道理也是极浅的，一看就能明白，这些都属于广义的文化，对内我们要弘扬的。

除了对国内弘扬，我们还有对国外弘扬的责任和义务。我在上面已经谈到，在文化的给予方面，我们中华民族从来是不吝惜的。现在国外那些懵懵懂懂的"天之骄子"们，还在自我欣赏。我们过去曾实行鲁迅所说的"拿来主义"，拿来了许多外国的好东西，今后我们还将继续去拿。但是，为了世界人类的幸福和前途，不管这些"天之骄子"们愿意不愿意来拿我们中国的好东西，我们都要想方设法实行"送去主义"，我们要"送货上门"。我相信，有朝一日他们会觉悟过来而由衷地感谢我们的。

写到这里，我们再回头看我在本文一开头就提到的北大与中国文化的关系，以及北大对中国文化所负的责任。如果我说"文化神州系一校"，这似乎有点夸大。其他大学也在不同程度上有这种责任。但是，其中最突出者仍然是非北大莫属。如果连这一点都不承认，那不是实事求是的态度。北大上承几千年来太学与国子监的衣钵，师生"以天下为己任"，在文化和政治方面一向敢于冲锋陷阵。这一点恐怕是大家不得不承认的。今天，在对内弘扬和对外弘扬方面，责任落在所有大学的人文社会科学学术教育机构，以及教员和学生的肩上。北大以其过去的传统，更应当是当仁不让，首当其冲，勇往直前，义无反顾。

　　专就北大本身来讲，中文、历史、哲学三系更是任重道远，责无旁贷。我希望而且也相信，这三个系的师生能意识到自己肩头上的重担。陈寅恪先生的诗曰"吾侪所学关天意"，可以移来相赠。我希望国家教委和北大党政领导在待遇方面多向这三个系倾斜一些，平均主义不是办学的最好方针。我的意思并不是说，在北大只有这三个系有责，其他各系都可以袖手旁观。不，不，我绝无此意。弘扬、传承文化是大家共有的责任，而且学科与学科间的界限越来越变得不泾渭分明，你中有我，我中有你，这现象越来越显明。其他文科各系，甚至理科各系，都是有责任的。其他各大学以及科学研究机构，也都是有责任的。唯愿我们能众志成城，共襄盛举。振文化之天声，播福祉于寰宇，跂予望之矣。

1997 年 12 月 12 日

我和北大

北大创建于 1898 年，到明年整整一百年了，称之为"与世纪同龄"，是当之无愧的。我生于 1911 年，小北大 13 岁，到明年也达到 87 岁高龄，称我为"世纪老人"，虽不中亦不远矣。说到我和北大的关系，在我活在世界上的 87 年中，竟有 51 年是在北大度过的，称我为"老北大"是再恰当不过的。由于自然规律的作用，在现在的北大中，像我这样的"老北大"，已寥若晨星了。

在北大五十余年中，我走过的并不是一条阳关大道。有光风霁月，也有阴霾蔽天；有"山重水复疑无路"，也有"柳暗花明又一村"，而后者远远超过前者。这多半是人为地造成的，并不能怨天尤人。在这里，我同普天下的老百姓，特别是其中的知识分子，是同呼吸、共命运的，大家彼此彼此，我并没有多少怨气，也不应该有怨气。不管怎样，不知道有什么无形的力量，把我同北大紧紧缚在一起，不管我在北大经历过多少艰难困苦，甚至一度曾走到死亡的边缘上，我仍然认为我这一生是幸福的。一个人只有一次生命，我不相信什么轮回转世。在我这仅有的可贵的一生中，从"春风得意马蹄疾"的少不更事的青年，一直到"高堂明镜悲白发"的耄耋之年，我从未离开过北大。追忆我的一生，怡悦之感，油然而生，

"虽九死其犹未悔"。

有人会问:"你为什么会有这样的感觉呢?"这个问题是我必须答复的。

记得前几年,北大曾召开过几次座谈会,探讨的问题是:北大的传统究竟是什么?参加者很踊跃,发言也颇热烈。大家的意见不尽一致,这是很自然的现象。我个人始终认为,北大的优良传统是根深蒂固的爱国主义。有人主张,北大的优良传统是革命。其实真正的革命还不是为了爱国?不爱国,革命干吗呢?历史上那种"你方唱罢我登场"的"以暴易暴"的改朝换代,应该排除在"革命"之外。

讲到爱国主义,我想多说上几句。现在有人一看到爱国主义,就认为是好事,一律予以肯定。其实,倘若仔细分析起来,世上有两类性质截然不同的爱国主义。被压迫、被迫害、被屠杀的国家或人民的爱国主义是正义的爱国主义,而压迫人、迫害人、屠杀人的国家或人民的爱国主义则是邪恶的爱国主义,其实质是"害国主义"。远的例子不用举了,只举现代的德国的法西斯和日本的军国主义侵略者,就足够了。当年他们把爱国主义喊得震天价响,这不是"害国主义"又是什么呢?

而中国从历史一直到现在的爱国主义则无疑是正义的爱国主义。我们虽是泱泱大国,那些皇帝们也曾以"天子"自命而沾沾自喜。实际上从先秦时代起,中国的"边患"就连绵未断。一直到今天,我们也不能说，我们毫无"边患"了，可以高枕无忧了。我们决不能说，中国在历史上没有侵略过别的国家或民族。但是历史事实是，绝大多数时间，我们是处在被侵略的状态中。我们有多少"真龙天子"被围困，甚至被俘虏，我们有多少人民被屠杀，都有史籍可考。在这样的情况下，我们中国在历史上出的伟大的爱国者之多，为世界上任何国家所不及。汉代的苏武，宋代的岳飞和文天祥，明代的戚继光，清代的林则徐，等等，至今仍为全国人民所崇拜。至于戴有"爱国诗人"桂冠的则更不计其数。难道说中国人的诞生基因中就含有爱国基因吗？那样说是形而上学，是绝对荒唐的。唯物主义者主张存在决定意识。我们祖国几千年的历史这个存在，决定了我们的爱国主义。

现在在少数学者中有一种议论说，在中国历史上只有内战，没有外敌侵入，日本、英国等的八国联军是例外。而当年的匈奴、突厥、辽、金、蒙、满等族的行动，只是内战，因为这些民族今天都已纳入中华民族大家庭中了。这种说法，我实在不敢苟同。这是把古代史现代化，没有正视当时的历史事实。而且事实上那些民族也并没有都纳入中华民族的大家庭中，一个显著的例子就摆在眼前：蒙古国赫然存在，你怎么解释呢？如果这种论调被认为是正确的话，中国历史上就根本没有爱国者，只有内战牺牲者。西湖的岳庙，遍布全国许多城市的文丞相祠，为了"民族团结"都应当立即拆掉。这岂不是天下最荒唐的事情！连汉族以外的一些人也不会同意的。我认为，我们今天全国56个民族确实团结成了一个中华民族的大家庭，这是空前未有的，这应该归功于中国共产党，归功于我们全体人民。为了建设我们的伟大祖国，我们全国各族人民，都应当像爱护自己的眼球一样，维护我们的安定，维护我们的团结，任何分裂的行动都将冒天下之大不韪。我们都应该向前看，不应当向后看，不应当再抓住历史上的老账不放。

这话说得有点远了，但是，既要讲爱国主义，这些问题都必须弄清楚的。

现在回头来再谈北大与爱国主义。在古代，几乎在所有的国家中，传承文化的责任都落在知识分子肩上。不管工农的贡献多么大，但是传承文化却不是他们所能为。如果硬要这样说，那不是实事求是的态度。传承文化的人的身份和称呼，因国而异。在欧洲中世纪，传承者多半是身着黑色长袍的神父，传承的地方是在教堂中。后来大学兴起，才接过了一些传承的责任。在印度古代，文化传承者是婆罗门，他们高居四姓之首。东方一些佛教国家，古代文化的传承者是穿披黄色袈裟的佛教僧侣，传承地点是在寺庙里。中国古代文化的传承者是"士"。士、农、工、商是社会上主要阶层，而士则同印度的婆罗门一样高居首位。传承的地方是太学、国子监和官办以及私人创办的书院，婆罗门和士的地位，都是他们自定的。这是不是有点过于狂妄自大呢？可能有的。但是，我认为，并不全是这样，而是由客观形势所决定的，不这样也是不行的。

婆罗门、神父、士等等都是知识分子，他们的本钱就是知识，而文化与知识又是分不开的。在世界各国文化传承者中，中国的士有其鲜明的特点。早在先秦，《论语》中就说过："士不可以不弘毅，任重而道远。"士们俨然以天下为己任，天下安危系于一身。在几千年的历史上，中国知识分子的这个传统一直没变，后来发展成"天下兴亡，匹夫有责"。后来又继续发展，一直到了现代，始终未变。

不管历代注疏家怎样解释"弘毅"，怎样解释"任重道远"，我个人认为，中国知识分子所传承的文化中，其精髓有两个鲜明的特点，一个是我在上面详细论证的爱国主义，一个就是讲骨气、讲气节，换句话说也就是在帝王将相的非正义的行为面前不低头，另一方面，在外敌的斧钺面前不低头，"威武不能屈"。苏武和文天祥等等一大批优秀人物就是例证。这样一来，这两个特点实又有非常密切的联系了，其关键还是爱国主义。

如果我们改一个计算办法的话，那么，北大的历史就不是一百年，而是几千年。因为，北大最初的名称是京师大学堂，而京师大学堂的前身则是国子监。国子监是旧时代中国的最高学府，已有一千多年的历史，其前身又是太学，则历史更长了。从最古的太学起，中经国子监，一直到近代的大学，学生都有以天下为己任的抱负，这也是存在决定意识这个规律造成的。与其他国家的大学不太一样，在中国这样的大学中，首当其冲的是北京大学。在近代史上，历次反抗邪恶势力的运动，几乎都是从北大开始。这是历史事实，谁也否认不掉的。五四运动是其中最著名的一次。虽然名义上是提倡科学与民主，骨子里仍然是一场爱国运动。提倡科学与民主只能是手段，其目的仍然是振兴中华，这不是爱国运动又是什么呢？我在北大这样一所肩负着传承中华民族的优秀文化的、背后有悠久的爱国主义传统的学府，真正是如鱼得水，认为这才真正是我安身立命之地。我曾在一篇文章写过，我身上的优点不多，唯爱国不敢后人。即使我将来变成了灰，我的每一灰粒也都会是爱国的。这是我的肺腑之言。以我这样一个怀有深沉的爱国思想的人，竟能在有悠久爱国主义传统的北大几乎度过了我的一生，我除了有幸福之感外，还有什么呢？还能何所求呢？

1997 年 12 月 13 日

谈中国的"学统"①

了解北大情况的人都会知道,郝平同志是北大教职工中最忙碌的人物之一。北大在中国以及世界上享有特殊的地位与威望。许多国家的著名学府和科研机构,都同北大建立了名目不同的合作和交流关系。外国的国家元首或政府首脑以及各种不同学科的权威学者,都以能够到北大来参观访问,特别是发表演讲为毕生光荣,大有"不到北大非好汉"之概。至于其他形形色色的访问者更是络绎不绝。在党委和校长领导之下,首当其冲的承担种种接待任务的就是北大国际交流与合作处,而郝平正是该处的负责人。据我个人的经验和观察,这个处的日历同其他各处都不一样,他们没有双休日、节假日以及什么寒假暑假,终日忙忙叨叨,送往迎来,宛如燕园的一盏走马灯,旋转不停。一群男女青年就是这一盏走马灯上的人物,居其中而众星拱之的就是郝平。

我可真是万万没有想到,就是这样一位忙碌的郝平同志忽然有一天送给我一大摞稿子,内容是讲北大开创时期的校史。写校史,不是写小说、写诗歌,只要有灵感就行,这里需要的不是灵感,而

---

① 原标题为《北京大学创办史实考源·序言》。

是勤奋。这需要辛辛苦苦，爬罗剔抉，用竭泽而渔的精神，搜集资料。郝平告诉我，他在国外留学时就开始了资料的搜集。回国以后，成为走马灯的主要人物以后，又锲而不舍，继续搜罗，常常用别人午休的时间，来从事此项工作。夜里则利用睡眠的时间，开电灯以继晷，恒兀兀以穷年，一直到累得病倒，进医院动手术，而其志弥坚，终于写成了此书的初稿。

谁听了这样的故事，能不肃然起敬呢？

说句老实话，我真正受到了感动。现在北大的青年教员中，能拼命向学的，确有人在。但是，身为教员而不读书者或者读书劲头不够而心有旁骛者，也决不乏人。现在有了郝平这一面镜子，摆在自己眼前，何去何从，每个人都会做出自己的抉择，也必须做出自己的抉择。这是我的信念，也是我的希望。

这话说得远了一点，还是回过头来，谈一谈郝平的"校史"，因为讲的是北大创办时期的历史，我为此书定名为"北京大学创办史实考源"，得到了他的首肯。根据郝平自己对本书的介绍，我们可以了解本书的主要论点。为了叙述准确起见，我还是先做一个文抄公，抄一段郝平自己的话："（京师）大学堂的创办不仅仅是戊戌变法的产物，其根本原因应当追溯到1840年的中英鸦片战争。清王朝的失败引起仁人志士如林则徐、魏源和龚自珍等人的思考，并在全国掀起了一场维新思潮和洋务运动。同文馆就是这个时期的产物。北洋海军在中日甲午海战中全军覆没，激起了康、梁等进步力量要求政治改革的强烈呼声。京师大学堂既是这场改革的产物,又是自鸦片战争50年来人们不断探求救亡之路的最高要求。这是一个不可分割的历史过程。"郝平这个简短扼要的论述,其基础和根据就是大量的确凿可靠的原始档案资料。这些资料都写在本书中,用不着我来重复叙述。

郝平对资料的搜集付出了极大的劳动,他搜集得颇为齐全,分析得又极为细致。分析中时有新意,真令人想浮一大白。这些资料都是别人不甚注意的,更谈不到使用。郝平这样做的目的是追溯北京大学创办的起源问题,是研究北京大学校史必不可少的第一步,他发前人未发之覆,提出了自己的看法,也就是"从京师同文馆到京师大学堂"。他能自圆其说,他的这个看法是能够站得住脚的。

但是,据我个人的看法,这只能是北京大学创办起源的说法之一,不是唯一的一个。而且我们还不要忘记,不是先裁撤了同文馆然后创办京师大学堂,而是在京师大学堂创办以后才裁撤了同文馆,并入京师大学堂中的同文馆是清政府为了办理洋务必须同洋人打交道,而打交道首先必须有懂外文的翻译人才,而建立的一所培养翻译的一种特殊的学堂,以后才逐渐增设了一些洋文之外的课程。同文馆隶属于总理各国事务衙门,可见其作用之所在。要勉强找一个来源的话,明代的四夷馆庶几近之。新中国成立后原隶属外交部的北京外国语学院也颇有类似之处。

我个人没有下过功夫研究北大的校史。可是我多少年以来就有一个想法，这个想法我曾在许多座谈会上讲到过，也曾对许多人讲到过，曾得到许多人的同意，至少还没有碰到反对者。最近在《北京大学校刊》1997年12月15日一期上，读到萧超然教授答学生问，才知道冯友兰先生也有这个意见，而且还写过文章，他的文章我没有读过，也没有听他亲口谈过。郝平书中讲到，北大前校长胡适之先生也有过完全一样的说法。我现在斗胆说一句妄自尊大的话，这可以算是"英雄所见略同"吧。

究竟是什么意见呢？就是北大的校史应当上溯到汉朝的太学。中国在世界民族之林中是一个很奇特的国家。第一，中国尊重历史，寰宇国家无出其右者。第二，中国尊重教育。几千年来办教育一向是两条腿走路：官办和民办。民办的可以以各种名目的书院为代表。当然也有官办的书院，那就属于另一条腿。在办教育方面，多数朝代都有中央、省、府、县——必须说明一句：这三级随朝代的不同而名称各异——几个等级的学校。中国历代都有一个"全国最高学府"的概念，它既是教育人才的机构，又是管理教育行政的机构。这个"最高学府"名称也不一样。统而言之，共有两个：太学和国子监。虽然说，东汉光武帝建武五年（29年）始设太学，但是"太学"之名，先秦已有。我在这里不是专门研究太学的历史，详情就先不去讲它了。晋武帝咸宁二年（276年）始设国子学，北齐改为国子寺，隋又改为国子学。隋炀帝改为国子监。唐代因之，一直到清末，其名未变。

物换星移，沧海桑田，在过去将近两千年的历史上，改朝换代之事，多次发生。要说太学和国子监一直办下去，一天也没间断过，那是根本不能够想象的。在兵荒马乱，皇帝和老百姓都处于涂炭之中的情况下，教育机构焉能不中断呢？但是，最令我们惊异的是，这种中断只是暂时的，新政权一旦建立，他们立即想到太学或国子监。因此，我们可以实事求是地说，在将近两千年悠长的历史上，太学和国子监这个传统——我姑且名之曰学统——可以说是基本上没有断过。不管最高统治者是汉人，还是非汉人，头脑里都有教育这个概念，都有太学或国子监这个全国最高学府的概念，连慈禧和光绪皇帝都不例外。中国的学统从太学起，中经国子监，一直到京师大学堂，最后转为北京大学，可以说是一脉相承，没有中断。这在世界教育史上是绝无仅有的，是我们中华民族的骄傲。以上说的可以算是冯友兰先生、胡适之先生和我自己的"理论"或说法的依据和基础。我们在这里并没有强词夺理，也没有歪曲史实。研究学问，探讨真理，唯一的准则就是实事求是、唯真是务。我抱的正是这样的态度。我决无意为北大争正统，争最高学府的荣衔。一个大学办得好坏，决不决定于它的历史的长短。历史久的大学不一定办得好，历史短的大学不一定办得不好。无数事实俱在，不容争辩。但是，我也算是一个从事科学研究工作的人，事实如此，我不得不如此说尔。

按照目前流行的计算法，今年是北京大学的百年校庆。这在北大无疑是一件大事。在全中国，无疑也是一件大事。在这样吉祥喜庆的日子里,郝平同志把他这一部心血凝成的《北京大学创办史实考源》拿出来献给学校,献给全校的师生员工,献给遍布在全世界各地的、在不同的工作岗位做出了不同程度贡献的北大校友们,真可以说是锦上添花之举。我相信,这一部书一定会受到大家的热烈欢迎。

我在这里还想加上一段决非"多余的话"。我在很多地方都说过:中国知识分子是世界上最好的知识分子,他们最突出的特点就是爱国主义。例子不用到远处去找,在我上面讲到的"学统"中,在北大遥远的"前身"中就有。东汉太学生反对腐朽的统治,史有明文,决非臆造。这个传统一直传了下来,到了明末就形成了顾炎武在《日知录》中所说的:"保天下者,匹夫之贱,与有责焉耳矣。"后来演变成"天下兴亡,匹夫有责"。北京大学创办以后,一百年来,每到中国在政治上和文化上的关键时刻,北大师生,以及其他大学的师生,就都挺身而出,挽救危亡。五四运动就是最好的证明。一直到中华人民共和国建立以后——这一段历史占了北大百年历史的一半——北大师生爱国之心未曾稍减,此事可质诸天日,无待赘述。

现在距北大百年校庆只有四个月的时间了。据说今年从全国各地以及全世界各地回母校参加校庆的校友,数量将是空前的。这种爱校之心与爱国之心,完完全全是一致的,完完全全是相应的。这种心情与中国两千年来的知识分子——中国古代的士的爱国主义传统是完完全全贯通的。它预示着我们伟大祖国未来的辉煌。

现在有两本书摆在全校师生,全体校友,全国和全世界关心北大的朋友们的面前:一部是郝平的《北京大学创办史实考源》,一部是萧超然教授的《巍巍上庠,百年星辰》。前者告诉我们创业维艰,后者告诉我们照亮北大百年漫长道路上的星光。无前者则不会有后者,而无后者则前者也是徒劳无功的。两部书相辅相成,形成了一个整体,为我校校庆增添了无量欢悦,为想了解北大的人提供了确实可靠的知识,真可以说是功德无量。

再过两年,一个新的世纪和千纪就将降临人间。我相信,我们北大全校同仁和同学,受到这一次校庆的鼓舞和激励,怀千岁之幽情,忆百年之辉煌,更会下定决心,乘长风,破万里浪,前进,前进,再前进,为我们伟大祖国再立新功。

1998 年 1 月 2 日

论博士

中国的博士和西方的博士不一样。

在一些中国人心目中,博士是学术生活的终结,而在西方国家,博士则只是学术研究的开端。

博士这个词儿,中国古代就有。唐代的韩愈就曾当过"国子博士"。这同今天的博士显然是不同的。今天的博士制度是继学士、硕士之后而建立起来的,是地地道道的舶来品。在这里,有人会提意见了:既然源于西方,为什么又同西方不一样呢?

这意见提得有理。但是,中国古代晏子说:"橘生淮南,则为橘;生于淮北,则为枳"。土壤和气候条件一变,则其种亦必随之而变。在中国,除了土壤和气候条件以外,还有思想条件。西洋的博士到了中国,就是由于这个思想条件而变了味的。

在世界各国的历史中,中国封建阶段的历史最长。在长达两千多年的封建社会中,中国的知识分子上进之途只有一条,就是科举制度。这真是千军万马挤过独木小桥。从考秀才起,有的人历尽八十一难,还未必能从秀才而举人,从举人而进士,从进士而殿试点状元等等,最有幸运的人才能进入翰林院,往往已达垂暮之年,老夫耄矣。一生志愿满足矣,一个士子的一生可以画句号矣。

自从清末废科举以后,秀才、举人、进士之名已佚,而思想中的形象犹在。一推行西洋的教育制度,出现了小学、中学、大学、研究院等等级别,于是就有人来做新旧对比:中学毕业等于秀才,大学毕业等于举人,研究生毕业等于进士,点了翰林等于院士。这两项都隐含着"博士"这一顶桂冠的影子。顺理成章,天衣无缝,新旧相当,如影随形。于是对比者心安理得,胸无疑滞了。如果让我打一个比方的话,我只能拿今天的素斋一定要烹调成鸡鱼鸭肉的形状来相比。隐含在背后的心理状态,实在是耐人寻味的。

君不见在今天的大学中,博士热已经颇为普遍,有的副教授,甚至有的教授,都急起直追,申报在职博士生。是否有向原来是自己的学生而今顿成博导的教授名下申请作博士生的例子,我不敢乱说。反正向比自己晚一辈的顿成博导的教授申请的则是有的,甚至还听说有一位教授申请作博士生后自己却被批准为博导。万没有自己做自己的博士生的道理,不知这位教授如何处理这个问题。从前读前代笔记,说清代有一个人,自己的儿子已经成为大学士,当上了会试主考官。他因此不能再参加进士会试,大骂自己的儿子:"这畜生让我戴假乌纱帽!" 难道这位教授也会大发牢骚:批准我为博导让我戴假乌纱帽吗?

中国眼前这种情况实为老外所难解。即如 "老内"如不佞者,最初也迷惑不解。现在，我一旦顿悟：在中国当前社会中，封建思想意识仍极浓厚。在许多人的下意识里，西方传进来的博士的背后隐约闪动着进士和翰林的影子。

1998 年 9 月 19 日

论教授

论了博士论教授。

教授，同博士一样，在中国是"古已有之"的，而今天大学里的教授，都是地地道道的舶来品，恐怕还是从日本转口输入的。

在中国古代，教授似乎只不过是一个芝麻绿豆大的小官。然而，成了舶来品以后，至少是在抗日战争之前，教授都是一个显赫的头衔。虽然没有法子让他定个几品官，然而一些教授却成了大丈夫，能屈能伸。进可以攻，退可以守，身子在北京，眼里看的、心里想的却在南京。有朝一日风雷动，南京一招手，便骑鹤下金陵，当个什么行政院新闻局长，或是什么部的司长之类的官，在清代恐怕抵得上一个三四品官，是"高干"了。一旦失意，仍然回到北京某个大学，教授的宝座还在等他哩。连那些没有这样神通的教授，工资待遇优厚，社会地位清高。存在决定意识，于是教授就有了架子，产生了一个专门名词"教授架子"。

日军侵华，衣冠南渡。大批的教授汇集在昆明、重庆。此时，神州动荡，生活维艰。教授们连自己的肚子都填不饱，想尽种种办法，为稻粱谋。社会上没有人瞧得起。连抬滑竿的苦力都敢向教授怒吼："愿你下一辈子仍当教授！"斯文扫地，至此已极。原来的"架子"

现在已经没有地方去"摆"了。

新中国成立以后，50年代，工资相对优厚，似乎又有了点摆架子的基础。但是又有人说："知识分子翘尾巴，给他泼一盆凉水！"教授们从此一蹶不振，每况愈下。到了十年"文化大革命"中，变成了"资产阶级反动学术权威"，不齿于士林。最后沦为"老九"，地位在"引车卖浆者流"之下了。

20年前，十一届三中全会之后，拨乱反正，天日重明，教授们的工资待遇没有提高，而社会地位则有了改善，教授这一个行当又有点香了起来。从世界的教授制度来看，中国接近美国，数目没有严格限制，非若西欧国家，每个系基本上只有一两个教授。这两个制度孰优孰劣，暂且不谈。在中国，数目一不限制，便逐渐泛滥起来，逐渐膨胀起来，有如通货膨胀，教授膨胀导致贬值。前几年，某一省人民群众在街头巷尾说着一句顺口溜："教授满街走，××多如狗。"教授贬值的情况可见一斑。

现在，在大学中，一登"学途"，则有"不到教授非好汉"之概，于是一马当先，所向无前，目标就是教授。但是，从表面上看上去，达到目标就要过五关，其困难难于上青天。可是事实上却正相反，一转瞬间，教授可坐一礼堂矣。其中奥妙，我至今未能参悟。然而，跟着来的当然是教授贬值。这是事物的规律，是无法抗御的。

于是为了提高积极性，有关方面又提出了博士生导师（简称博导）的办法。无奈转瞬之间，博导又盈室盈堂，走上了贬值的道路。

令人更担忧的是，连最高学术称号院士这个合唱队里也出现了不协调的音符。如果连院士都贬了值，我们将何去何从？

1998 年 10 月 2 日

提高高校学生人文素质的必要和可能

一、对题目的解释

为什么不用"文化素质",而用"人文素质"？前者比后者范围广,包括物质和精神两种文化。"人文"只限于精神文化。不是物质文化不重要,我是有意纠偏,纠重工科轻理科、重理科轻文科之偏。这种偏见不利于我国学术的发展和社会主义建设。

二、必要性

我国高校学生的素质,总起来看,应该说还是好的。我们的高校办得也还是好的。但是,同我们的远大目标——建设有中国特色社会主义社会,还有相当大的距离。建设这样的社会,不能没有人才。要有人才,不能没有教育。我们要的人才是高素质的、全面发展的人才。人的素质十分重要,我们要的是有政治理想、有道德水平、有文化水平、业务好、身体壮、心理素质好的人才,成为能在21世纪发挥作用的人才。

我现在专就人文素质方面谈一点意见。

最近看到报纸上的报道,又根据我自己对大学生,特别是北京大学学生的观察,再加上前些时候听了王彦同志的介绍,我感到提高高校学生的人文素质的工作简直是迫在眉睫。社会上一股强烈的只重视科技的风气,对学生产生了极大、极为不利的影响。虽然我们经常谈,要精神文明和物质文明两手抓,实际上都只抓物质方面,而忽视精神方面。只抓物质,只抓科技,而能兴国者,未之有也。所以,我说,抓精神文明建设,抓学生的人文素质,迫在眉睫。

三、一个理论问题

人文社会科学同生产力的关系如何?

我对马克思主义略有通解,对经济学所知不多。我仅仅提出这样一个问题,以求教于通人专家。科技是第一生产力,决无疑问。但人文社会科学对生产力的发展难道就不起作用?前一些时候,曲阜师范大学的《齐鲁学刊》上有一篇文章讲,人文社会科学也是生产力,似乎没有引起人们的注意。而后《光明日报》连续报道张家港抓精神文明的经验,引起了广泛的注意。1995年10月22日,该报第一版有一篇文章:《精神文明也出生产力》,用了一个"出"字,绝妙!10月27日,张家港市委书记发表文章《精神文明建设也能出效益》,用了同一个"出"字,只有宾语改为"效益",没有用"生产力"。

我认为,这是一个极端重要的理论问题和现实问题,理论界必须予以解答。

四、可能性

常听部队的同志们讲:解放军某一个部队,或团或连,只要有过辉煌的成绩，它就成为这个部门的传家宝。青年士兵一进入这个部门，就充满了自豪感，作战勇敢，战无不胜，攻无不克。我们的大学生何独不然。

给大学生进行提高人文素质教育，是一个十分复杂的系统工程，绝非一个方面、一种方法所能胜任，必须各方面通力协作，利用一切能利用的方法来进行，才能奏效。利用我们中华民族的历史，历史上优秀的传统，是其中最重要的方法。解放军的例子可以为证。

因此，我们要做提高高校学生的人文素质这个艰巨的工作，可能性是极大极大的。

五、中华文化的精髓何在

这是一个极大的、极重要的问题，看法可能有很大的分歧。我自己的看法有两点：一个是爱国主义，一个是讲骨气、讲气节。这两点别的国家不能说没有，但是中国最为突出，历史也最长。二者有区别，又有联系。

六、爱国主义

存在决定意识，中国的爱国主义是中国几千年的历史环境所决定的。没有国家，当然谈不到爱国。有了国家，如果没有外敌，也难以出什么爱国主义。我们千万不要一见爱国主义，就认为是好东西。我认为爱国主义有真假之别，有正义与邪恶之别。被侵略、被压迫、被屠杀的国家和人民的爱国主义是真的，是正义的爱国主义。侵略者、压迫者、屠杀者的"爱国主义"是假的，是邪恶的"爱国主义"。只要想一想德国法西斯、日本军国主义者的"爱国主义"就一清二楚了。

七、骨气、气节

在中国文化传统中，伦理道德占的成分最大。而讲是非、辨善恶，更是核心之一。孟子说："富贵不能淫，贫贱不能移，威武不能屈，此之谓大丈夫。"这句话说得最为具体生动。对"非"的东西，对"恶"的东西，一定不能迁就和妥协，虽牺牲性命，也在所不辞，这就叫作气节或者骨气，这在别的国家是几乎不见的，至少是极为罕见的。

综上所述，我们中华民族优秀文化传统中有爱国主义和气节，是我们极其珍贵的全民财富。我们今天对高校学生进行人文素质教育，这二者就是我们的本钱。我们必须善于利用。

八、几点建议

1. 在所有的学科中，文、理、法、农、工、医，都普遍开大一国文课。分量不必太多，不及格，不能毕业。

2. 在所有的学科中设哲学课。以马克思主义哲学为纲领，讲一点中国哲学、印度哲学和自古希腊罗马开始的西方哲学，目的在于训练学生的思维能力和分析能力。

3. 文、理科学生互选对方的一门课。可考虑为文科学生编一部《自然科学概论》。世界学术发展的趋势是文理接近或融合。21世纪，这种趋势将日见明显。

4. 进行美学教育，包括书法、绘画、音乐、戏剧、曲艺等等。

不是专门设课，以课外活动形式，由学生自由组合，学校、团委或学生会加以协助与指导。不管什么科的学生，对美学都是有兴趣的，过去许多高校的经验可以为证。

1998 年

原载《中国青年政治学院学报》

我对未来教育的几点希望

教育为立国之本,这是中国两千多年来的历代王朝都执行的根本大法。在封建社会,帝王的所作所为,无一不是为了巩固统治,教育亦然。然而,动机与效果往往不能完全统一。不管他们的动机如何,效果却是为我们国家培养了一批批人才,使我国优秀文化传承几千年而未中断。

今天,时移世迁,已经换了人间。教育为立国之本的思想,深入人心。我们政府提出了科教兴国的方针,受到了全国人民的热烈拥护。把教育的重要性提高到兴国的高度,可以说前承千年传统,后开万世太平。特别是在今天知识经济正在勃然兴起的大时代中,教育更有其独特的意义。知识经济以智力开发、知识创新为第一要素,不大力振兴教育,焉能达到这个宏伟的目标?但是,我要讲一句实话,我们的振兴教育,谈论多于行动。别的例子先不举,只举一个教育经费在国民总收入中所占的百分比之低,就很清楚了。我们教育所占的百分比,不但低于发达国家,在发展中国家中也是比较低的。这让很多人难以理解。我们国家正在努力建设,用钱的地方很多,这一点谁都理解,没有人想苛求。但是,既然把教育的重要性提高到那样的高度,教育经费却又不提高,报纸上再三辩解,实难令人信服。现在,据我了解所及,全国各类学校经费来源十分庞杂,贫富不均的程度颇为严重。大学的党委书记和校长,主要任务是"找钱",连系主任的主要任务也是"创收"。如果创收不力或不利,奖金发不出去,全系教员就很难团结好。学校的根本任务是教学和科研,是出人才、出成果。现在却舍本而逐末,这样办教育,欲求兴国,盖亦难矣。因此,我对未来教育的第一个希望就是切切实实地增加教育经费。

我的第二个希望是重视大、中、小学生的人文素质教育和伦理道德教育。现在我们中华民族的一般道德水平,实不能尽如人意。年轻的学生在这个大气候下,思想水平也不够高。他们对世界,对人生的看法,在像我这样的思想保守的老顽固眼中,有时实在难以理解。现在,全世界正处在一个巨大转变中,每个人都会受到影响的,特别是青年人,他们敏感易变,受的影响更大。日本据说有一个新名词"新人类",可见青、老代沟之深。中国也差不多。我在中外大学里待了一辈子,可是对眼前中国大学生的思想、情感等等,却越来越感到陌生。他们的一些想法和做法,有时候让我目瞪口呆。在我眼中,有些青年人也仿佛成了"新人类"了。

救之之法,除了教育以外,实在也难想出别的花招。根据我的了解,现在大学里的思想教育课,很难说是成功的。一上政治课,师生两苦,教员讲起来乏味,学生听起来无味。长此以往,不知伊于胡底!

我个人认为,抓学生思想教育,应该从小学抓起。回想我当年上小学时,有两门课很感兴趣,一门叫作公民或者修身,一门叫作乡土。后一门专讲本地的山川、人物、风土、人情。近在眼前,学生听起来有趣又愿听。讲爱国从爱乡开始,是一个好办法。

至于公民这一门课,则讲的都是极简单的处世做人的道理,比如热爱祖国,孝顺父母;尊敬老师,和睦同学;讲真话,不说谎话;干好事,不做坏事;讲公德,不能自私,帮助别人,不坑害别人;要谦虚,不能骄傲,等等,等等,都是些平常的伦理规范。听说现在教小学生也先讲唯心与唯物,存在与意识,物质与精神,小学生莫名其妙,只能硬背。这能收到什么效果呢?显而易见,什么好效果也是收不到的。到了中学和大学,依然是这一套,结果就是我在上面说到的师生两难。现在全国都在谈要重视学生的素质教育,足见这个问题已经引起了广泛的注意。这无疑是一个好现象。但是,我总觉得,空谈无补于实际,当务之急是采取适当的行动,才能走出目前的困境。

我对未来教育的希望,当然不止这两点。但限于目前的时间,我只能先提出这两点来,供有关人士,特别是政府主管教育的部门参考,一得之愚,也许还有可取之处吧。

1999年2月21日

欢送北大进入新世纪、新千年

76年前，当北大庆祝25周年校庆的时候，李大钊同志在《本校成立第二十五年感念》一文中说："我以极诚挚的意思，祝本校学术上的发展。只有学术上的发展，值得作大学的纪念。只有学术上的建树，值得'北京大学万万岁'的欢呼。"

在北大纪念27周年校庆的时候，鲁迅先生在《我观北大》一文中说："第一，北大常为新的，改进的运动的先锋，要使中国向着好的，往上的道路走。……第二，北大是常与黑暗势力抗战的，即使只有自己。……仅据我所感得的说，则北大究竟还是活着的，而且还在生长的。凡活的而且在生长者，总有着希望的前途。"

这些都是七十多年前的话，在这一段时间内，无论是世界，还是我们的国家，都经历了天翻地覆的变化。可是，我们都可以看到，今天的北大仍然活着，而且还在生长。我们依然重视学术研究，而且取得了辉煌的成绩。

多少年来我形成了一个看法，我认为，中国的知识分子——古代所谓"士"——同其他国家是不相同的。两千年来，中国知识分子形成了一个优良的传统：关心国家大事。用今天的话来说就是爱国主义。从不同朝代的学生运动来看，矛头指向的对象是不一样的，但其为爱国则一也。中国近代当代的知识分子继承了这个传统，而北大则尤为突出。

北大进入了新世纪、新千年将会怎样呢？我认为，仍然将会继承这个爱国的优良传统，这一点决用不着怀疑。但是，我却有一个进一步的希望。我们今天的知识分子，不管是年轻的还是年老的，在这个地球已经变成了鸡犬之声相闻的地球村时，我们的眼光必须放远。我们不应当只满足于关心国家大事，而应当更关心世界大事。

目前，我们的世界大事是什么呢？我们的世界形势怎样呢？大家都能看到，依然是强凌弱、富欺贫，大千板荡，烽烟四起，发达国家依然是骄纵跋扈，不可一世。发展中国家有的依然是食不果腹。可是，在另一方面，正如一百多年前恩格斯在《自然辩证法》中所说的那样："我们不能过分陶醉于我们对自然界的胜利，对于每一次这样的胜利，自然界都报复了我们。"报复的表现已经十分清楚：生态失衡，物种灭绝，人口爆炸，淡水匮乏，污染严重，臭氧出洞，如此等等，不一而足。其中任何一个问题不解决，都会影响人类生存的前途。这一点世界上已经有人注意到，但是远远不够。

到了下一个世纪，我们北大人一方面要继承爱国主义传统，加强学术研究，增强国家的力量；另一方面又要记住恩格斯的话，努力实行张载的"民胞物与"的精神。最后，我赠大家四句话：热爱祖国，热爱学术，热爱人类，热爱自然。

北大将会永远活着，永远生长。

2000 年 12 月 7 日

加强北大清华之联系与协作[①]

清华留美预备学堂创建于1911年,而北大定名为北京大学则在1912年。可见,北大、清华两校按照西方办学模式办学,起步实为同时。欧洲各大国自中世纪以来即先后创办大学,至今已有数百年之历史,规模组织,大同小异。此种教育制度,随殖民主义之东扩而前进。印度首当其冲,日本继之,而中国为最晚。直至19世纪末20世纪初始陆续有以西方模式为基础之大学,北大、清华皆是也。然而两校之历史背景则颇多不同。北大承将近两千年来国家最高学府太学或国子监之传统,优点在于文化积淀既深且厚,不足之处则在旧影响时有表露。清华则自发轫之初,即追踪美国,惟妙惟肖,巨细不遗。以是,两校虽逐渐并肩发展为中国最高学府,而校格、校风迥然不同,各有短长,不能厚此而薄彼也。至若两校办学方针,则皆可归纳为三会通:古今会通,中西会通,文理会通。合而言之,即将古今中外之文化精华融会而贯通之,将文理之畛域冲破,使之互相影响也。前二者明白易懂,无待赘述。至于第三者,则知之者少,尚需稍加诠释。七八十年前五四运动前后,蔡元培先生掌北大,以

[①] 原标题为《清华大学九十华诞祝词》。

极有远见之睿智提出文理会通之倡议。至 30 年代前后，北大为文科学生开设科学方法课，盖亦寓文理会通之意。清华则规定：凡文科学生必选修一门理科课程。如无力或不愿，则可以逻辑代，于是逻辑课堂爆满矣。今岁初，清华大科学家李政道教授与大艺术家吴冠中教授联袂提出科学与艺术相结合之倡议，已出版专著，图文并茂，成绩斐然，此盖文理会通进一步之发展，意义重大，对北大有极重要之启示。时至今日，北大、清华校舍已部分接壤，两校弦歌之声相闻，师生往来频繁，似应进一步加强两校之联系与协作，诸如个别教师交换授课，部分图书馆与实验室互通有无，如此必能扩大学生之眼界，避免近亲繁殖之弊端，利莫大焉。今者世界已进入新世纪、新千年。纵观全国、全球之教育大势，北大、清华宛如双峰并峙，一时瑜亮，此绝非个人私言，实天下之公言也。我两校任重而道远，加强协作，互相砥砺，刻不容缓，似应寓竞争于协作之内，扬优点于互补之中，发扬中华优秀文化，吸收世界先进之文教科技，持之以恒，锲而不舍，假以时日，则所谓世界一流大学之桂冠，必将实至名归也。值此清华大学庆祝九十华诞之际，谨缀俚词，为清华寿。我两校其共勉之！

2001 年 3 月 28 日

祝贺母校山东大学百岁华诞

母校山东大学今年一百岁了。但是,我成为山大的校友却已经有75年了,是校龄的四分之三。这样的人如今恐怕很少见了。

如果有人觉得奇怪的话,我需要解释一下。1926年,我15岁,正谊中学毕业以后,考入山东大学附设高中。当时的山大校长是山东省教育厅长、前清状元王寿彭。记得高中有一个校长,姓名都忘记了,他好像是从未在高中露过面。给我留下印象最深的是一次祭孔典礼。全体高中学生都集合在山东大学校本部。大门好像是对着正觉寺街。校内有金线泉,距趵突泉不远。当时庭院深深,我自己不知置身何处。现在已经把大墙拆除,与趵突泉区连在一起。几个济南名泉——趵突、金线、漱玉等都成为近邻了。

当时主祭人是奉系军阀、山东掖县人张宗昌,陪祭的有王状元等,都穿着长袍马褂,行三跪九叩礼,气氛极其庄严肃穆。我虽年幼无知,涉世不深,却在心里默默地感到好笑。特别是那一位长得五大三粗的"狗肉将军"山东督军张宗昌,平日无恶不作,奸淫妇女,这时却俨然一副正人君子、圣人之徒的模样,满脸正气,义形于色,怎能不让人感到十分滑稽可笑呢!

不管怎样,山大高中也是山大的一个组成部分,已经无可置疑。

我是山大的校友，也名正言顺，决无攀龙附凤之嫌了。

当时高中文科设在济南北园白鹤庄，清流环绕，绿柳成荫，风景绝佳。教员水平甚高，可以说是极一时之选。教历史和地理的是祁蕴璞老师，他勤奋好学，订有多份日文杂志，对世界政治和经济的发展，了若指掌。他除了上课外，还常作公开报告，讲解世界大势。国文教员是王昆玉老师，文章宗桐城派，个人有文集，但我只读过稿本，没有出版。教英文的老师姓刘，北大毕业生。我只记住了他的绰号，名字则忘记了。教数学的老师姓王，名字也不记得了。几位老师的学问和教学水平，都是极高的，名扬济南教育界。另外还有一位教经学的老师，姓名都已忘记，只记得他的绰号叫"大清国"。他的口头禅是："你们民国，我们大清国。"绰号由此而来。但是他学问是有的，上课从来不带书。据说，"五经""四书"，连同注疏，他都背得滚瓜烂熟，甚至还能倒背，不知道有什么用处。这恐怕只是道听途说而已。

在这样十分优越的自然环境和教学环境中，我埋头苦干，扎扎实实地读了两年书，为以后的发展打下了良好的基础。1928年，日寇占领了济南，我被迫辍学一年。1929年，日寇撤走，山东省立济南高中成立，我继续就读。这事与山大无关，我就不详细叙述了。

从我成为山大校友以后漫长的75年中，山东大学，同国内许多著名的大学一样，走过一条悠长而又曲折的道路。这条道路并不平坦，也并不笔直：有时布满了鲜花，五彩斑斓，光彩照人；有时却又长满了荆棘,黑云压城。校址也迁来迁去,有时在济南,有时又在青岛,最后终于定居在济南。在新中国成立前有一段时间,大概是在30年代吧,山大当时还在青岛,许多全国著名的学者和作家在那里任教。许多人都认为,那是山大发展史上的一个高峰或者高峰之一。无论中国或外国,一个大学不能永远处于高峰时期,一个系尤其显著,山大自不能例外。从那以后,一直到现在,山大高峰迭出,现在已成为全国著名的高校之一了。

  我虽然一辈子没有离开过学校,从国内到国外,都在教书,但是我绝不敢承认自己是一个教育家。感性认识我是有的,却没有提高到理论的高度。根据我的观察和体会,一个大学,特别是一个系是否是处在高峰时期,关键全在于有没有名师。中国俗话说:"名师出高徒。"这话一点也没有错。学生年纪轻,可塑性强,影响他们最大的还是老师。我在上面已经说过,一个大学,一个系不能永远处于高峰时期,关键也在于老师。我举一个最彰明昭著的例子。我的洋母校德国哥廷根大学的数学系,从19世纪末到20世纪20年代,因为出了几位世界级的数学大师,比如F.Klein、D.Hilbert等,名震全球,各国学子趋之若鹜,一时成了世界数学中心。这些大师一旦离开人世或退出教席,而后继者又不能算是大师,世界数学中心的地位立即转移。这个例子很能说明问题。另外一个例子就是清华国学研究院,虽然只办了几年,但是毕业生几乎都成为名教授,原因也在于国学研究院有著名的四大导师。这个例子是众所周知的。

原清华大学校长梅贻琦先生曾说过几句话："大学者，非大楼之谓也，有大师之谓也。"新中国成立以后，周扬同志也说过几乎是同样的话。时代迥异，而看法全同，可见这几句话是符合真理的。山东大学在过去和现在都有大师级的学者。这是山东大学之所以能够成为今天的山东大学最重要的原因。

眼下，教师的重要性已为全国各大学以及其他国家高等学校所普遍认可。重金征聘教师的广告在各大报纸上随时可见。有的待遇高得惊人。但是，我认为，这种办法实际上是互相挖墙脚，我不敢苟同。我不希望山东大学也这样做。

不这样做又当怎样呢？我个人觉得，大学有时候从外校进几位教师是必要的，这有利于人才的交流。但是，想真正获得名师，甚至大师，最根本的办法还是自己培养。我总认为，现在大学里教师提职提级的做法还有待于认真地改进。现在吃大锅饭的残余流风未息，余威犹在，这很不利于人才的成长。最理想的办法是公平合理地、实事求是地发现年轻有为的人才，然后加以精心培养，给他们创造条件。在待遇方面可以破格，在提级方面也可以破格。对他们在政治上严格要求，在业务上严格督促，再加上他们自己的努力，期以数年，必能有成。据我个人多年的观察，现在学生和青年教师中确有特立独行且有很大潜力的人才。千里马是有的，愿我们的学校领导都能成为伯乐。

今年是一个新世纪21世纪的第一年，也是一个新千年的第一年。

我们国家的形势是好的。政治上安定团结，经济的发展已成为亚洲的龙头，举世瞩目。在这样关键时刻，山大迎来了百年校庆。对人类来讲，一百年是高寿了。但是对一个大学来讲，同国外许多有几百年历史的大学比较起来，还只能算是一个小弟弟，有如初升的旭日将越来越发出耀眼的光芒。在学校党委和这样一位年轻有为的校长的领导下，我的母校将会有光辉的前途。我这个做了75年校友的老校友，从内心深处向母校奉献出诚挚的祝福。

2001年8月11日

科学应该包括自然科学与社会科学

今天我只讲一个问题，就是自然科学与社会科学究竟是什么关系？我们有两个科学院，即中国科学院、中国社会科学院。据我所知，这种情况在全世界都是少有的，美国和苏联的自然科学和社会科学都是在一起的，我们最初建院时也是在一起，不知为什么后来又分开了。多年以前，在民族饭店举行的一次新年团拜会上，严济慈同志曾向胡乔木同志提出一个问题：中国科学院与中国社会科学院是否可以破镜重圆？乔木同志不置可否。至今我们搞社会科学的人都有一种感觉，社会科学研究不受重视，而且这种感觉已经很多年了。我一直弄不懂为什么两个科学院不能合并起来，分为两院有一个弊端，把自然科学和社会科学完全分开，很难进行创新。北大老校长蔡元培在1917年就提出：北京大学文科学生必须学一门自然科学，到1930年我考大学时，北大以"科学方法论"代替自然科学。清华大学文科学生也必须学一门自然科学，可是很多准备学文科的高中毕业生，到清华后学不了物理、化学、生物学，后来学校以逻辑学代替自然科学，结果三位教逻辑的老师金岳霖、冯友兰、张申府课堂爆满，因为那时非选不可。我认为理科和文科结合恐怕是大势所趋，特别是到了今天21世纪还人为地把文科和理科截然分开，很不利于科学发展。当年恩格斯写作《自然辩证法》，那不是自然科学吗？李政道教授是大科学家，吴冠中教授是大艺术家，最近他们两人合作在中国美术馆搞了一个很庞大的展览，叫《科学与艺术》。李政道教授在题词中写道：科学和艺术的共同基础是人类的创造力，它们追求的目标都是真理的普遍性。吴冠中教授的题词是：科学揭示宇宙的奥秘，艺术揭示情感的奥秘。科学与艺术的结合，将碰出人类最明亮的火花。我虽然对自然科学不太清楚，但理解他们讲的是科学和艺术之间有着密不可分的关系。我们已经进入21世纪，今天在这里谈论创新问题，我想创新必须将自然科学与社会科学二者结合，虽然自然科学和社会科学都还是独立的学科，但未来世界科学发展的趋势是二者的界限越来越接近，结合得越来越紧密。有些学科属于边缘性的。我曾经开玩笑说：现在专门有两个科学院，这就涉及"科学"一词的含义。据我看，人们脑袋里的"科学"恐怕就是自然科学。实际上无论是英语、法语，还是德语、俄语，"科学"一词就包括自然科学和社会科学，而我们的科学院就像被自然科学独占了。在座的有几位历史学家，我想请教一下五四运动提倡科学与民主，那个科学的含意是什么？所以我建议中国科学院和中国社会科学院重新合起来，以顺应世界潮流。我再重复一句：要想真正创新，必须把自然科学和社会科学结合起来。

《华林博士文库》总序

博士一名,古已有之,几个朝代都使用过,指的是一种官名。现在我们使用的"博士",则是舶来品,是英文 doctor(其他德、法等语也一样)的翻译,旧瓶装新酒也。

欧美的教育制度,颇多不同之处。仅就我比较了解的德国而言,那里不大有"毕业"这个概念。一般的情况是,一个学生经过小学、中学、大学十几年的学习,最后在一个大学安定下来,选中了一个教授,参加了他的讨论班,最后被教授认可,愿意收为弟子,于是给学生一个博士论文题目,由学生自己去作。再经过几年时间,论文完成,教授同意,于是确定时间,进行答辩。答辩的范围共有四个:论文本身,一个主系和两个副系,共有教授三人。主席照例是文学院院长,因此答辩委员会一般都由四人组成。委员们巍然高坐,有如法庭中的法官。学生是审问对象,教授提问有极大的自由,上天下地,苍蝇蚊子,无所不可。听说汉堡大学一位中国学生以汉语为副系,不过图省力而已,结果教授问莎士比亚和杜甫谁早,学生答曰莎士比亚。教授莞尔而笑,说道:"候补博士先生,对不起,你落第了。"我又听说,学生答辩时,19 世纪后半叶德国医学权威鲁道夫·菲尔绍(Rudolf Virchow)捧出了一盘猪肝,放在桌上,问学生这是什么。学生迟疑了半天,不敢答复。最后教授说:"这是猪肝。"学生说:"我也看着像猪肝,但是答辩会教授先生怎么会拿猪肝出来呢?"最后教授说:"你做不了真正的科学家。既然认定是猪肝,为什么不敢说出来呢?"类似这样的故事,我还听过很多。你从中可以悟出研究学问的道理。

至于博士论文,这当然是获得学位的主要根据。这是一个学子展示才华、显露锋芒的最佳的地方。德国教授对论文的要求不算太低。一篇论文必须有点新东西,有点原创性。原创性当然有高低之别。但是,不管是高是低,你必须有,则是不可逆转的要求。否则东抄西抄,下笔万言,也只等于一堆废纸。德国这一点小小的经验,很值得我们中国学习。

我们中国实行博士生制度,不过只有二十来年的历史。但是,一实行,首先就碰到拦路虎,这一条虎就是教授膨胀。据报载,一个大学里的一个系共有70名教员,其中有68位教授。这是否是事实,我不敢说。全国教授的总数,我也不知道,反正其数量是极大的。每一个教授都招博士生,势所不能。于是某一些人又充分发挥了创造力,制造了博士生导师,简称"博导"这样一个词儿。博导评审权最初掌握在国务院学位委员会手中。后来授权几个大学自己评审,于是出了一个匪夷所思的笑话。某大学某系论资排辈,某教授应该担任博导了,而该教授此时正想写论文投到某一位博导门下当博士哩。

笑话归笑话,我担心的是博士论文的质量。近十几年来,我读的博士论文不多,总共也不过三四十篇。总的来看,质量当然会是参差不齐的,但是其中颇多优秀之作。这证明了,我们实行博士生制度是成功的,对推进学术研究起了积极的作用。

对这一群博士论文的作者来说,至关重要的问题是论文的出版。试想一个青年人坐着冷板凳,开电灯以继晷,恒兀兀以穷年,好不容易制造出一篇论文,结果只有几个人看。他们郁闷和失望,不是很自然的吗?但是,出版又谈何容易。哪一家出版社也不肯斥巨资出版很难有销路的博士论文。十几年前,海峡对岸主持文津出版社的邱镇京教授鼎力相助,在大陆同仁的协助下,赔钱出版《大陆文史哲博士丛刊》,出了百余种之后,无法持续下去,只好停刊。我个人认为,邱教授这种善举实在是功德无量,将永远铭记在我们心中。

现在这样功德无量的善举又有人开始运作了。这是由两个机构共同促成的,一个是上海龙华古寺的"华林奖学金",一个是北京的中华书局。这真是天造地设的好搭档。同这两个机构我都有诚挚的友谊。上海的龙华寺,以一个佛教千年古刹而关心当前我国人文科学的发展和研究工作,不能不令人感到由衷的敬佩。中华书局一身正气,我曾几次称之为"中流砥柱",中华书局不出一本坏书,在目前出版界是难能可贵的,这非砥柱而何!在促成这一番功德无量的事业中起重要作用的几位朋友中,有几位我们无论如何也不应该忘记。"华林奖学金"方面是湛如博士大德,没有他的努力,这一件事是成不了的；中华书局方面则是本局领导和柴剑虹编审。没有他们的支持，这一件事照样完成不了。对以上几位朋友，我必须表达我最诚挚的敬意与感谢。

由于众所周知、不言自明的原因，我们还不能把所有的博士论文都纳入我们的文库中。我希望，年轻的博士们，不管你的论文是否已经纳入文库，都要更上一层楼，锲而不舍，继续钻研，以便取得更新、更大的成绩。你们都不要忘记李商隐的诗句："桐花万里丹山路，雏凤清于老凤声。"你们要亮出你们清越的鸣声，与全国人民一起共庆升平。

2003 年 1 月 23 日

外语教育

研究学问,不是创作写诗,你必须认真搜集资料,资料越多越好,要有"竭泽而渔"的气魄。古代学者只搜集中国材料就足够了。我们处于今天信息爆炸的时代,搜集资料只限于中国是绝对不行的,必须放眼世界。这是时势使然,不这样做,是不行的,而想做到这一步,必须学习外语。

大学外国语教学法刍议

我们学习外国语,不是在大学里才开始的。从中学起,有的人甚至从小学起已经学起外国语来了。但是小学生和中学生智力发展尚未成熟,所以他们应该有他们独特的学法,我们在这里不谈。我们要讨论的只是大学里外国语的教学法。

我这里说的外国语是指的平常所谓第二、第三外国语,就是在大学里才开始学的。在中国读过大学的人大概都有学习第二外国语甚至第三外国语的经验。有的学一年,有的学两年、三年甚至四年。学习的期间虽有短长,但倘若问一个学过的人,他学的成绩怎样,恐怕很少有不摇头的。

我也在大学里学过两种外国语。教务处注册股的先生们或者认为我已经学成了,因为在他们的本子里我的分数都是非常好的,而且还因了其中一种的分数特别好而得到出国的机会。但是我却真惭愧。送我出国的这一种外国语还是我到了它的本国以后才学好的。另外一种也是在那个国度里学到能看书的程度。同我同时学的朋友们情况也同我差不多。当然,这里也正像别处一样,天才是缺不了的。他们念上十页八页的文法,一百个上下的单字,再学会了查字典。以后写起文章来,就知道怎样把英文的 As if 翻成德文的 Als ob,

括弧里面全是洋字，希腊文、拉丁文、德文、法文全有。这样就很可以吓倒一个人。至于他们能不能看书呢，那就只有天知道了。

虽然有这样的天才撑场面，但人们还是要问，为什么中国大学生学外国语的成绩这样不高明？难道他们的资质真不行吗？我想无论谁只要同外国大学生在一块念过书都会承认，我们中国学生的天资并不比外国学生差。原因并不在这里。

但原因究竟在哪里呢？这问题我觉得也并不难回答，我们只要一回想我们自己学习外国语的经过和当时教员所用的方法就够了。普通大概都是这样：教员选定一本为初学者写的文法，念过字母以后，就照着书本一课一课地教下去，学生也就一课一课地学。速度快的，一年以内可以把普通文法教完；慢的，第二学年开始还在教初级文法。有的性急的教员等不到把文法学完就又选定一本浅明的读本一课一课地讲下去。学生在下面用不着怎样预备，只把上一次讲过的稍稍看一看，上堂时教员若问到能够抵挡一阵，不管怎样糊涂，也就行了。反正新课有教员逐字逐句讲解，学生只需在半醒半睡中用耳朵捉住几句话或几个字就很够很够了，字典是不用自己查的。于是考试及格，无论必修或选修都得了很好的分数，堂而皇之地写在教务处注册股的大本子里。教员、学生，皆大欢喜。

就这样，学上两年甚至三年外国语，除了极少数的例外以外，普通学生大概都不能看书。最初也许还能说那么十句八句的话，但过上些时候，连这些话也忘净了，于是自己也就同这外国语言绝了交。

这真是一个莫大的损失。大好光阴白白消耗掉,这已经很可惜了。但更重要的却是放掉一个学习现代学者治学最重要的工具的机会。现代无论哪一国哪一门的学者最少也要懂几种外国语,何况在我们这学术落后、处处仰给别人的中国,而且这机会还是一放过手就不容易再得到,因为等到大学毕业自己做了事或开始独立研究学问的时候,就很难再有兴致和时间来念作为工具用的外国语了。

这简直有点近于一个悲剧。这悲剧的主要原因,据我看,就在教学法的不健全。自从学字母起,学生就完全依赖教员。教员教一句,学生念一句。一直到后来学到浅近的读本,还是教员逐字逐句地讲。学生从来不需要自动地去查字典,学生仍然不能知道直接去念外国书的困难,仿佛一个小孩子,从生下起就吃大人在嘴里嚼烂的饭,一直吃得长大起来,还不能自己嚼饭吃,以后虽然自己想嚼也觉得困难而无从嚼起了。

我们既然知道了原因所在,就不难想出一个挽救的方法,这方法据我看就在竭力减少学生的依赖性。教员应该让学生尽早利用字典去念原文,他们应该拼命查字典,翻文法,努力设法把原文的意思弄明白。实在自己真弄不明白了,或者有的字在字典上查不到,或者有的句子构造不清楚,然后才用得着教员。在这时候,学生已经自己碰过钉子,知道困难的所在,而且满心在期望着得到一个解答,如大旱之望甘霖。教员一讲解,学生蓦地豁然贯通,想让学生记不住也不可能了。这样练习久了，我不信他们会学不好外国语。这方法并不是什么新发明，在外国，最少是在我去过的那个国度里，是最平常的。我现在举一个学俄文的例子。第一点钟，教员上去，用了半点钟的时间讲明白俄文在世界语言里尤其是印欧语系里的地位，接着就念字母。第二点钟，仍然念字母。第三点钟，教员讲了讲名词的性别和极基本浅近的文法知识，就分给学生每人一本果戈里的短篇讽刺小说《鼻子》，指定了一部字典，让每个人念十行。我脑筋里立刻糊涂起来，下了堂用了一早晨的力量才查了六行，有的字只查到前面的一半，有的字根本查不到，意思当然更不易明白。心里仿佛有火在燃烧着，我恨不能立刻就得到一个解答。好容易盼到第二堂上课。教员先让学生讲解，但没有一个人能够讲一个整句。结果还是他讲，大家都恍然大悟，不自觉地轻松地笑起来。他接着又讲了半点钟的文法，才下了课。就这样，在一个学期内念完了初级文法和果戈里的《鼻子》。

这教法或许有点霸道，我承认。学生在课外非有充分的时间来准备不可，但是成绩却的确比我们大学里流行的教法好。除非学生低能，在两年内一定可以看普通的书。与其让学生不痛不痒地学上两年结果是等于白学，何不如让学生多费点力量而真得其实惠呢？

19世纪德国大语言学家Ewald就用这方法教学生，而且应用得还特别认真。跟他念过书的学生一谈起来没有一个不头痛的。后来他自己也听到了，就对人说："学外国语就像学游泳。只是站在游泳池旁讲理论，一辈子也学不会游泳。我的方法是只要有学生到我这里来，我立刻把他推下水去。只要他淹不死，游泳就学会了。"我希望中国的教员先生们有推学生下水的勇气，青年学生们有让教员推下水去的决心。

1946 年 10 月 31 日

论自费留学

昨天（11月10日）在天津《大公报》上读到汪敬熙先生的星期论文《自费留学万万不可开放》，我心里有说不出的高兴。自己好多年来想说的话，汪先生一下子都给说出来了，他仿佛替我在心头扫去一片积闷，蓦地觉得异常轻松起来。倘若金圣叹看了这文章最少也要浮上一百大白。

但是有一点汪先生说得还不到家。也许汪先生有心存点忠厚，没有尽情地说。汪先生只说："纨绔子弟之中不是没有好的，不是没有肯勤学的，不是没有学有成绩的。但是他们的大多数在外国是荒嬉游戏、挥霍无度的。他们自己是以为这样方显出家中富有。然而在外国人眼里，他们所作所为都是可以耻笑的。近些年来他们真是为国家招来耻辱！"无论谁只要亲身在外国见到过这些纨绔子弟的，都会知道汪先生这些话是怎样含蓄而厚道了。

我自己在欧洲的一个大国里住过十年，另一个大国里住过半年，也见到不少的事情。初到那个大国的首都的时候，天天在街上、饭馆里遇到的就是这些纨绔子弟，每个人都是把眼睛安置在头顶上，上下打磨得耀眼明亮，成群结队，招摇过市。没有人知道他们究竟念哪二门学科，因为他们很少与学校发生关系，但他们的生活也并非不紧张。他们每天一起来就到中国饭馆去；吃完早点，找几个同志下一盘棋，闲谈一下，就到了正午；午饭当然就地解决；吃完又结队出去逛马路看电影；晚饭再回中国饭馆，吃完又出去看戏坐咖啡馆或到其他他们所想去的地方。每人都少不了三"机"：照相机、无线电收音机和野鸡。外国文很少有几个通的，但也用不着。因为他们所接触的外国人大概只有两种：一种是不三不四的女人，同他们在一起嘴还有更重要的用处，不是用来说话的；再一种是警察，这些英雄们贩卖黑钱或犯了其他别的罪，倘若逢巧父亲是大使，自然可以大模大样地掏出红护照来吓外国警察，其余的就不免捉将官里去。在这种情况下，他们也用不着说话，反正只要能听懂判多少年月徒刑就可以坦然走进监狱里去。等到出来的时候，他又可以到处尤其是在中国饭馆里高谈雄辩，叙述他们在狱里的丰功伟绩。据说在里面每人必须做手工，编点什么。他们只学上几天，就可以教同狱的外国难友。这些外国人当然钦佩得五体投地。这样他们就很替中国争了些面子。旁人听了对这些为国争光的英雄也不免肃然起敬了。

这样说也许有人以为太笼统了。我现在举两个例子。

一个是一位院长的公子。我到了的时候，他已经在那里很久了。至于在那个大都会里做了些什么，我不大清楚。但以后我们竟然得到一个机会同学过半年。我们差不多天天在一起吃午饭，但一直到他离开学校，我始终不知道他学哪一科。从他的谈话里我知道他听过耶稣教的神学，听过体育原理，听过微积分，听过流体力学，听过生理学，听过法律，对这些他似乎都没有什么兴趣。他念念难忘的只是医学院的产科讲演。他常常向我用很生动的姿态表演他在讲堂上听到的女人生产时的情形，同时复述教授的一句话："男人无论如何英雄，无论能征服多少国家，也没有女人生产时那种身体上和精神上的力量。"于是他也就对女人的伟大赞不绝口起来。但他也有他的伟大，在街上只要看到漂亮女人，便跟上去，百折不挠。既使挨了耳光，仍然是面不改色，不由得也让我赞叹起来。

  第二个是一个上海大商人的儿子，据说从小就学那一国的语言。我到了的时候，他已经在那里住了八年。有一次替一位中国老太太写一封请求信，拿到财政局，外国人说看不懂。这位老太太拿给我看，我才知道他替我们当时住的那一国造了一种新文字。后来他又从另外一个国度寄给她一个中文（记住是中文）明信片，老太太年纪大了，有些字认不清楚，又拿给我看。我又发现他替我们中国造了几个新字，创了一个新文法。他虽然学的是航空工程，但小代数和平面几何都弄不清楚。外国学生都奇怪，他就告诉他们，中国的逻辑和外国不同，数学也另成一个系统。这位先生在那里住了十几年，一天忽动归兴，临走告诉我，他回国要"组织"飞机。我用十二分的虔诚祝他成功，虽然我到现在也不明白什么是"组织"飞机。

  上面两个例子，一个代表荒唐，一个代表低能。作风虽不同，但总可以说是异曲同工，各擅胜场。类似这样的英雄我最少也还能举几十位来。我虽然不久就离开那大都会,无缘继续欣赏他们的伟业,但在下风逖听之余留在脑海里的故事也足够写一本四百万言的留西外史。无论谁都可以想象到这些人们在外国替我们国家招多少耻辱。在外国浪费金钱还是小事。

这些人物最好都留在国内,当接收大员也可以,当什么什么专员也可以,无论什么都可以,只是不要出国,因为外国人没见过中国,只要看到一个中国人的举动,他们就会想到全中国的人都这样。难道我们就甘心让这些人到外国去代表四万万人宣扬中华民族的伟大么?

我们都应该起来拥护汪先生的主张!我也同汪先生一样希望舆论界给我们鼓励!

1946 年 11 月 11 日

我们应该同亚洲各国交换留学生
——给政府的一个建议

十几年前,当我还在北平念书的时候,只听到学生们都想到外国,尤其是欧美,去留学,却极少听说有外国学生到中国来留学过。虽然当时北平有几个大学里有日本留学生,我还同其中的一个同屋住过一学期,但他们据说都是土肥原将军的部属,做学生只是一个幌子而已,其实是留而不学的。

现在一转眼过了十多年,世界经过了一次空前的战争。这次的战争在种种方面都引起了很大的变动,地图的颜色也改变了许多。在亚洲也有许多国家同战前大大地不一样了。中国已经成了X强之一(原来是四强,后来又改成五强,现在恐怕连我们自己也不知道究竟是几强了,故以X代之);印度也正走向独立自主的路;朝鲜的命运现在虽然还没定,但独立大概是不成问题的;波斯内部的变化也不小;其余许多比较小的国家都多少有点变化,这些变化大体说起来都可以说是有利的。所以我们可以说亚洲正走向一条光明的路。

正在这时候,有几个亚洲的国家开始派留学生到中国来。一个土耳其的女生已经到了北平,就在北大念书。有七八个印度学生不久也可以到,印度著名学者师觉月先生是由印度政府派来的,现在已经在北大开始演讲了。据说还有几个土耳其学生要到中国来。我们虽然不能知道,印度同土耳其政府派学生到中国来的用意是什么,但从各方面推测起来,他们大概也意识到这次大战后亚洲局面的改变,觉得亚洲各民族的命运真正休戚相关,大家非互相团结合作不行了。要想团结合作,那只有先互相认识。他们派学生来就是要认识中国的。

我们当然热诚地欢迎这些来中国的客人。他们不远万里到我们这里来,无论他们研究的是什么学科,哲学也好,历史也好,语言也好,无论他们过去的成绩如何,有的已经是国际知名的学者了,有的才开始学,但我相信,他们都抱着近于宗教家的虔诚,还有一份不小的勇气,跋涉重洋,到我们这国度里来观察和学习。在我们历史上曾有一个时期,外国人到中国来学习过。但那已经是很久远的事情,连我自己想起来都有点渺茫了。一百多年以来,我们只是向别人学习,而且(我这里想加一个英文字 Alas)学习的成绩还不太高明。但现在居然又有外国学者到中国来观察和学习了。我想,这恐怕是每一个中国人都高兴的,虽然也难免有人怕这些客人会失望的。

我自己对这事情当然也是颇为高兴的。不过我总觉得还有点遗憾。以幅员的广大论,以人口的众多论,以历史的古老论,以在目前世界政局上占的地位论,我们中国无论如何也应该先来做这件事情,我们无论如何也应该先感觉到亚洲民族有互相认识、团结合作的必要,来领导做这件事情。我这里用领导两个字,并不是说我们要做亚洲的盟主,指挥其余的民族。我只觉得我们是亚洲的老大哥,而且我们的同胞散处亚洲各地,我们有更迫切的需要去认识别的国家,同时也希望别的国家认识我们而已。

然而事实上怎么样呢?现在别的国家有的已经派学生到中国来了,有的正预备选派。但是我们的政府却仍然只是处在被动的地位,一声也不响,仿佛世界上根本没有发生这件事情。人家来了,我们当然欢迎,而且我相信,我们政府的诸公也一定高兴看到这些远方来的客人,只要可能,他们也一定会帮助这些客人的。但也仅只是高兴而已。他们似乎还没有时间去追问这些客人来的原因,再进一步来决定自己的做法。也许我们的政府诸公还根本没有注意到这件"小"事情。他们正忙着公使升格,派遣大使,派代表出席泛亚洲会议。这些事情当然也并不是不重要。但实在说起来,这都是些表面文章。倘若两个国家事实上有认识的必要而不能互相认识、互相了解,即便把大使改成特使,每年举行四次泛亚洲会议也还是无济于事,只是报纸上登起来热闹而已。

现在人家既然比我们早走了一着,我们在感到遗憾之余,也不必责难任何人。我只希望我们能设法补救一下,而且愈早愈好。因为现在时间还不算太晚,倘这样再蹉跎下去,将来恐怕连补救都不可能了。我虔诚地希望我们的政府能够做到几件事情:

第一，我们也派学生到亚洲各国去。在十几年以前恐怕很少有人愿意到这些国家去的。人们出国是想去镀金，镀金只能在欧美，有谁肯白牺牲时间到这些小国去呢？但现在我相信一定有许多有眼光、有志气的青年也感觉到亚洲民族有互相认识、互相团结的必要而希望能够到这些国家去的。最近几年来许多青年学生对东方语文兴趣的增加就是个好例子，而且事实上我们国家同这些国家的外交关系一天比一天密切了，也需要许多真正了解这些国家的外交人才。我们政府以前派过许多所谓外交家到波斯、埃及等国去。他们对当地的民情风俗隔膜到万分，闹了许多笑话，到现在这些国家还有人谈起，他们怀疑为什么中国政府派这样的人去作外交家。

第二，我希望我们的政府能够在几个国际上有声望的大学里，譬如说北大和清华，替亚洲各国的留学生设上二三十名特别公费生。每月发给他们的钱足够吃用。由外交部通知各国的政府，请他们选派学生来。甚至来回的旅费我们都可以负担。对我们全国的开支，这简直连九牛一毛都谈不到，真正是多一点也不成问题。在这些学生来中国以前，或者先由我们政府在他们的大学里设几名奖学金，让他们先对中国语文有相当的研究，然后再到中国来。他们在中国住上几年以后回国去，对中国同他们国家的互相认识、互相了解上我敢相信一定有很大的帮助，中国同他们国家的外交和文化的关系一定会更密切起来。我们的国家目前确有点糟，令人看了悲观。但我还没悲观到认为我们中国什么东西都坏，简直是一无可取、一无可学。倘若这些学生真的能从中国学了点值得学的东西回去，他们也就不算白白地长途跋涉了。

倘若还需要援古征今替我这建议找根据的话，我们只需看一看现在世界上几个像样的国家的做法就够了。譬如美国、英国，他们为什么把庚款退回让中国派留学生去呢？德国在没有战败前也设了种种花样的奖学金给外国学生。我们不愿意以小人之心度君子之腹，说他们有什么用意。无论如何，我现在这样建议却完全出于诚意，目的只在希望中国同亚洲各国能够互相认识、互相了解，文化同外交关系会一天比一天密切起来，再进一步能够团结合作。我们既然都被派定了住在亚洲，我们只有努力去"睦邻"。

为亚洲将来计，为中国将来计，我诚恳地希望我们的政府能够考虑一下这个问题，实行我这建议。

1947年4月4日

我们应该多学习外国语言

对世界上任何国家，尤其是对我们中国，学习外国语言的重要似乎用不着我们再来讨论，这已经是不成问题的了。我想，我们现在恐怕都羡慕五六十年前中国学者的福气。他们当时只需背过四书五经，加上注疏，学着写几篇八股文，运气一到，立刻可以考上举人进士，做起大官来。即便有些特别有天才有本领的，能把四书五经的本文和注疏正背倒背，甚至另外还弄点"杂学"，但也总脱不出中国书的范围。他们只需学会一种语言就够了。

但欧美的洋人偏要带了他们的学问挤进来。他们这些学问又真有些不可及的地方，连最顽固的中国文化本位派也不能不承认他们的优越。"中学为体，西学为用"实在是一个无可奈何的解嘲的口号，用来安慰自己的。现在我们看了，固然有啼笑皆非之感，这种感觉恐怕当时有许多人已经有了。所以，我们这一代的祖父们，其中比较开明的，都热心研究过"洋务"，在读四书五经之余也只好尖起舌头来念哀比西的衣①。念的成绩怎样呢？这话很不好说。从那时候到现在，中间隔了五六十年。穿西服的，吃西餐的（以前叫作番菜），

---

①哀比西的衣：ABCDE。

的确是一天比一天多了。哀比西的衣当然仍旧念下去。但有的人也就仅只念到哀比西的衣，这些哀比西的衣连在一起写成的书他们看着便有点不顺眼，不大高兴同它们发生什么关系。在大学里的情形比较好一点。在这里，在学习外国语言，尤其是英文方面，已经有了颇为明显的进步。有些大学除了中国语文学系的课本外，多半都用英文课本甚至有些教授简直就用英文讲，请来的外国教授当然更不必说了。

这似乎应该很让我们满意。但倘若我们计算一下时间，我们很有理由觉得我们的进步还太慢。五六十年是一段颇长的时间，尤其是在现代。我们想一想，五六十年前有汽车么？有飞机么？但现在天空里飞的、街上跑的，却就是这些五六十年前没有的东西。同这一比，我们在学习哀比西的衣方面的进步真未免太小了。而且，倘若我们仔细推究，连以使用英文课本、用英文来讲授自诩的大学里出身的大学生，有几个人能够拿起笔来就写一篇英文论文？只有在不懂英文的小姐面前，他们的英文才说得起劲，见了外国人就难免要红脸的。

我们倘再看一看我们国家以外别的国家学习外国语言的情形，这些国家学术水准比我们高到不知多少倍，然而人家却仍然在努力学习外国语言，读外国书籍，我们真不得不悲观了。在欧洲许多国家，一个大学生懂五六国文字是颇为平常的事情。比如说在德国的中学里，一个学生除了学八年拉丁文、六年希腊文以外，一定要学英文和法文。有不少的学生还在课外请教师学俄文或意大利文。他们进了大学，看外国文参考书绝对不会再有什么困难。倘说他们要念语言学的话，当然还要另外学许多新的语言。比如说，要念斯拉夫语言学，他们至少要学俄文、波兰文或捷克文、南斯拉夫文，要念比较语言学，学的语言当然更加多了。虽然不一定每一种都能精通，但只就数目说，也就够我们吃惊的了。

在另外几个国度里，比如说丹麦、荷兰、瑞典、挪威，他们的学术水准也非常高，甚至有些地方还胜过那几个大国，但因为国家小，在世界政治上占的地位不重要，他们的语言没能像现在事实上已经成了国际语言的英文、德文、法文那样流行世界。他们的学者写专门论文的时候，便利用英文、德文或法文。有的人用一种两种，也有不少人能用三种。有些人或者认为这些学者是可有可无的。但其实不然。这些国家虽小，但也产生了不少的世界权威。瑞典中国音韵学专家高本汉就是一个例子。高本汉在中国也不是生疏的名字。他的论文早年用法文写，现在用英文。还有丹麦语言学家 Otto Jespersen 也是语言学界的权威之一，他能用英、德、法三种文字写论文。只有这样，他们的论文才能让世界各国的学者都能读到，他们苦心研究的结果才不致因了文字的障碍而被埋没。

回头看我们中国怎样呢？我们的学术水准不但比不了英、德、法，也比不了瑞典、丹麦那些小国。我们学习英文的情形上面已经谈过了，但那还是战前的情形。复员以后大学里的学生据说英文程度不很好，我们这里不谈原因，只谈事实。事实是很多的大学生不但不能看英文参考书，而且连念英文课本都不知费多大力量。这样毕业后再做研究工作就会处处感到困难。再说到德文、法文，情形就更惨。现在德文同法文只算作第二第三外国语。按照教育部规定的课程，最多也不过能念三年。实际上念到三年的非常少，即便念到，真正不用字典而能看书的更加凤毛麟角。在这种情形下，外国学者研究的结果我们当然就很难利用了。另一方面，我们一般的学术水准虽然不太高，但有不少的学者也有时有非常有价值的发现，值得世界上任何国家的学者看的。除了很少的学者自己能用外国文写论文以外，用中文写成的论文便都因为文字的问题湮而不彰，这对世界学术是一个莫大的损失。

我上面说过，英、德、法三种语言事实上已经成了现在的国际语言。一直到现在我谈的也就是这三种。但我的意思并不是说，只是这三种就够了。另外还有几种语言可以加入到里面来。我现在只谈其中的一种，就是俄文。有些人或者会说我有点势利眼，看到俄国这次打了胜仗，成了大强国之一，所以我才这样说。而且目前中国以谈俄国为时髦，我现在也不过就是投合这种心理。其实我并没有这意思。这不是我一个人的意见，也不是我现在才有的意见。十几年前我就有过这种意见，而且多少也实行过了。俄国在现在和将来世界政局上的重要，尤其是对我们中国的重要，没有一个人会否认的，不管他是不是共产主义的信徒。现在再列举理由说明俄文的重要，真可以说是蛇足了。至于我现在在这里提出俄文，还另外有一个理由。我曾遇到种种不同的专家，中国人和外国人都有，他们都承认俄国在许多学科的研究上有很大的贡献，值得外国学者的注意，并且这不限定革命以后，在沙皇时代已经开始了，虽然还不能同现在比。就我自己研究的这一行说，俄国学者写过许多非常有价值的关于梵文和佛学的书，从沙皇时代起一直到现在，这传统没有断过。有名的佛学丛书就是个好例子。谈世界上的蒙文文法和字典就是用俄文写的，倘不会俄文，蒙文几乎是不能研究的。我说了这许多话，用意却很简单，我只是希望中国的青年或非青年在英、德、法文以外还要注意到俄文，当然最好是有勇气去学，真正学成一个俄文专家，把上海滩上那些挂羊头卖狗肉的英雄们赶到他们应该去的地方去。

我想现在一定有人抗议了。我上面说到，我们连只学一种文字成绩都不十分高明，但现在我却一口气介绍了四种，英、德、法文以外，还加上俄文，这不是闭了眼睛在做梦？我的话都出自清醒的理智，我觉得外国学生不比中国学生聪明，在中学里学外国文只是一个教授法、教本和教师的问题，这都是可以解决的。只要这个问题能解决，多学一种外国语言并不是什么了不得的困难事情，即便再退一步，我承认我在做梦，梦也有时候可以做的，只要它美丽。

1947年5月6日

论现行的留学政策

前几天,胡适之先生在报纸上发表了他的教育十年计划,目的想在十年以内替我们中国的学术开辟一条独立的路。据报纸上说,胡先生自己也承认这是一炮。这一炮果然没有虚放。自从这谈话发表了以后,南北各地,许多刊物和报纸都有文章来讨论这问题。有的赞成,有的反对。眼看就要引起一个大规模的论战。昨天一个小报上说,胡先生已经挂了免战牌。我不知道这是否是真的。我今天也来讨论这问题,并不是想制造"事件",再启战端。我只是因为自己有许多话要说,以前虽然也说过几句,但总没有说痛快,现在就利用这机会再来乱说几句。

胡先生谈话的前半是关于留学政策的。他反对政府每年花大量的美金送学生到外国,尤其是到美国,去镀金。这意见我完全赞成。自从去年十一月间汪敬熙先生首先发难攻击自费留学以后,有许多人都来写文章讨论这问题。我自己也在天津《大公报》上写过一篇短文,响应汪先生。我当时只谈到自费生。我的意思并不是说自费留学生全要不得,官费生全好。自费生也尽有很好很有成绩的,而官费生里面也有不少的纨绔子弟,一点书也不念。不过因为汪先生只谈到自费留学,而官费生究竟还有点限制,所以我就大作其偏锋文章，仿佛我同自费生有什么宿怨，大有同他们不共戴天的意思了。

我现在要谈的是整个的留学政策。不管官费与自费，现行的留学政策都有毛病。假若我们现在还不起来纠正，这样下去，再送一百年留学生，中国学术也不会独立，永远只是跟着别人跑，而且永远隔着一个很长很长的距离。

现行的留学政策的毛病究竟在什么地方？这真如一部十七史，不知从何处说起。我们先说留学的动机。我想有很多人到外国去，并不是想去念书。他们只是想去混一个资格，回来好做事，就是所谓"镀金"。这实在也难怪，因为中国社会把留学生看得太重了，仿佛一个人只要有机会到外国去吃上几天面包牛油，立刻就可以脱胎换骨，变成另外一个人了。当前的政府要人、大学教授，有几个没有镀过金的呢？难怪一般人，尤其是青年们，想尽种种方法要到外国去了。

因了这样的动机而到外国去的，我们就很可以想象到他们到外国会不会念书。他们一下火车或船，第一件要紧的事情就是打听，哪一个学校最容易，哪一个教授最好通融。教授选定了，第一次见面，谈不到三句话，就张嘴要论文题目。论文题目一拿到手，当然毫不迟疑立刻就向这题目进攻。在英美情形或者好一点，因为英文他们在中国都学过，也许（我只说是也许）没有语言文字上的困难。在德国、法国就有了问题。在国内学过德文、法文的很少，一到了那里，话听不懂，书看不懂，甚至到馆子里去吃饭、到街上去买东西都有困难。但对论文进攻的勇气一点也不减少,自己在下面做的时候,还可以找别人帮忙。倘若教授要请他去讨论,立刻就来了困难。教授说话,他听不懂。他说话,教授听不懂。在这种情形之下,就可以看出我们的文化究竟高于西洋。有很多的先儒都提倡"不动心"。虽大难当前,此心皆可不动。现在说几句鬼子话听不懂又有什么不得了呢?他仍然能沉住气,脸上的汗毛都不许竖一竖。但洋人教授却受不了了,头上的汗立刻流下来,青筋也一条条地暴露出来,呼吸紧促,心也跳动得厉害了。一位德国教授告诉我,他同一个中国学生谈一次话,他仿佛经历一次冲锋,说起来还有余惊。

让外国教授冲过几次锋以后,论文终于进行起来。这时候需要教授帮忙的地方更多了。于是有许多中国学生就施展出另一套中国人特有的本领——送礼。不客气地说,就是贿赂。当然他们还不敢像在中国一样公然送钱给教授,因为外国教授还没进化到能懂得贪污。今天请教授看戏,明天请教授吃饭,教授太太生日的时候,绝不会忘记用高得荒谬的价钱买花送了去。他们觉得这样也就可以勉强安心了。有些勇气大的,买了照相机之类的贵重东西送了去。教授看了,大惊失色。他们不知道中国学生的用意何在。在惶惑之余,让中国学生再把照相机带走,自己留在家里纳闷,心里说不定又想到那个"中国之谜"。

好不容易费尽九牛二虎的力量把论文做完,或请求教授认为是做完,他们就开始预备口试,同时心里已经开始做回国的计划了。

好歹口试再及了格,有些人连等候领毕业证书的耐性都没有,立刻就捆起行李来回家。博士头衔终于拿到了。他们又可以利用这头衔再往高处爬,对他们说,这总算是功德圆满了。

请读者不要误会,认为所有的留学生全像我上面说的那样子。我上面只是说了留学生的一种,不过可以说是最普遍的一种。在这一种以外,也有不少的学生真正埋头读书,让外国教授都佩服的。但也有许多学生根本一句书也不念,终日游手好闲,坐咖啡馆,找女朋友,甚至贩卖黑货,上法庭,坐牢狱,专门替中国丢脸。在数量上说,这一类的学生非常多。国内达官贵人的孩子几乎全属于这一类。倘若列一个等级的话,这一类恐怕是最下乘。回头再看这一些专门到外国去考试的学生,就觉得他们也未可厚非了。

但是,无论如何,就连这些"未可厚非"的学生对中国的学术也不会有什么裨益。我们派留学生的目的是要到外国去学在国内学不到的东西。但他们却带了一肚皮在国内大学里学到的一知半解的学问,到外国去给自己镀金。他们就用了这点学问,七拼八凑,在外国教授全力帮助下,勉强写出一篇论文,立刻就回来了。我不信,他们能学到什么新学问。

据我自己的观察,中国学生的天资最少也可以同外国学生比肩。只要肯用功,他们是不比人家差的。但可惜的是,不肯用功的学生固然不必说了,连肯用功的学生也只肯用到学业结束为止。仿佛证书一拿到手,学问就已经登峰造极,用不着再求进益了。平常我们都认为是形式上的一个学业结束,对很多的中国学生就真成了结束。但对外国想终身从事学术研究的学生,这不过只是一个开始。在没考试前有许多限制,自己不能任意随了自己的兴趣研究,现在这限制没有了,自己可以任意研究一个题目,读一本书,再没有什么东西来束缚限制自己的天才和自己的兴趣了。所以我们观察一个外国学者的经历,虽然有不少的人已经在学生时代露了头角,完成很有价值的学术工作,但大多数的人都是在毕业以后才真正渐渐走上研究的路,终于成了大学者。这条路有时候是很艰苦而漫长的,说不定同时要忍受精神和物质两方面的压迫。但世界上没有不劳而获的事情。学者们走这样一条路也没有什么值得惊讶的。

在现行的留学政策下送到外国去的学生顶多也不过走到这条路的开端,向悠悠的前路看一眼,也许根本连看一眼都不知道,就镀满了一身金回来了。回来了以后,觉得已经功成名就,不愿意去做官的十有八九可以做到教授。同他们一起学习的外国学生这时候才走上那条悠悠的长路,路上有许多困难要克服,要有无比的勤勉、惊人的耐力,才能一步步走上去。说不定十年八年,甚至还需要更长的时间,才能得到一个教授的头衔。倘若这两位学生再有机会会面,我们中国的这一位教授就会发现,以前说不定功课还不如他的这位外国学生,现在真正可以称得起一位学者了,而自己却连以前学的那一点都有点模糊了。这是他个人的悲剧,也是我们中国学术的悲剧。

倘若我们看着这悲剧演下去,中国学术永远不能独立。但现行的留学政策就正是支持这悲剧的。有的人会说:我们也可以派留学生出去,让他们在外国一直住到把那条长路走完,最少也可以在外国大学里做到教授,然后才让他们回来。但试问,这能行得通吗?先不必说政府没有这许多钱,送大批留学生在外国住那样长的时间。即便政府能有这样许多钱的话,有几个人肯在外国住这样久呢?

所以,无论从哪方面说,中国现行的留学政策都非要改变不行。我并不是说,只要我们的学生都安安稳稳地住在中国,新的学问就会从天上往他们脑袋里灌输,我们用不着借助外国学术的研究,我们的学术就可以独立了。不但我们中国做不到这一步,连世界上的学术先进国也不能每一科都研究到家而不必向别人学习。他们有时候也要派学生到外国去学习的。我的意思只是说,要靠学生到外国去留学,造就大学教师,替中国学术撑门面,这不是一个永久的办法。

但我们究竟应该怎样办呢?我觉得,我们最好的办法,就是请外国有地位的学者到中国来。这当然并不是一个新办法,一直到现在我们的大学里还有不少的外国教授。但是,我们截止目前所请的外国教授很少有真正有地位的学者。他们多半都是一个普通大学毕业生,在外国找不到饭吃,于是就到中国来做教授。他们唯一的本领就是能说外国话,谈到学问,有的还不如我们中国的大学毕业生。这种人对我们的学术不但没益,而且有害。我常常自己想象,当这些人回国的时候,也许有人问他们在外国的职业,他们当然回答说是教授。我真不知道,他的国人会把我们中国的大学想成什么样子。我一想起来,脸上就发烧。从现在起,我们应该请在外国真正有地位的学者到中国来任教。他们当然未必全肯到中国来,我们可以仿效苏联请美国工程师的办法,出极高的薪金。"重赏之下,必有勇夫。"一定不会没有人来的。这样可以有两个好处:

第一,他们可以长期留在中国。学生在大学毕了业以后,甚至做了讲师以后,还可以有机会同他们研究,不至于半途而废,演了我上面提到的那种悲剧。

第二,有天才的青年不致因为没得到留学的机会而埋没了。我们都知道,照现行的留学政策做下去,只有一小部分家里有钱或运气好的青年才有留学的机会。这些青年未必就是最优秀的。倘有外国大学者到中国来,没有钱的或运气不好的青年都可以有机会发展自己的才能了。这对中国的学术是有莫大的裨益的。倘若有时候有些部门某一国研究得特别好,我们仍然可以派学有根底的学生到那里去观摩。这样,我们一定可以慢慢走上学术独立的路,这是我可以断言的。

以上说的话,我当然不敢说全对,但这些话都是由多年的经验和观察得来的,自信还不至捕风捉影。为中国学术前途计,我诚恳希望教育最高当局能考量并采纳我这个建议。

1947 年 9 月 23 日

论聘请外国教授

中国学术落后,大学师资尤其感到缺乏,所以有时候我们不能不聘请外国教授。这是没有办法的事,我们当然不能反对,但是却有条件。

我先说一点我自己的经验。十几年前我在北平的一个国立大学里念外国语文。这个大学的外国语文系是非常著名的,在全国是数一数二的,主要原因就是外国教授多,而且据说又都是有地位的学者。我为这盛名所震惊,怀了一颗虔敬的心,走进了学校,走进了课堂。最初我当然不敢说什么,但渐渐地我却怀疑起来。这些教授们多半是英美人,英文当然会说,但也就是会说英文,说到他们有什么专门研究,那就很成问题了。一位美国女教授是斯丹佛(斯坦福)大学的硕士,教我们英文文字学。第一学期,她拿一位丹麦语言学家论普通语言学的书本当教本。这并不是什么深奥的著作,但她愈讲我们愈糊涂。现在看起来并不是很难懂的格林定律当时却没有一个人能明白。原因就是这位女教授除了英文以外,古典语言似乎一点都不会,恐怕连她自己也愈讲愈坠入五里雾中了。第二学期换了课本,她要讲她的据说是最拿手的乔叟。第一堂上去,高声背诵了乔叟的杰作《The Canterbury Tales》的第一段。我们都大惊失色。

幸而我们不久就发现了她的全部的本领就在背诵乔叟的杰作的第一段，我们的"色"才不致继续"失"下去，否则"失"出病来也未可知。我们看，她似乎连中古英文法也不甚了然，所以不久我们就读起翻成近代英语的乔叟来。一年读完，我们算是学了英文文字学。

另一位教授，也是美国人，他教我们欧洲文学史，用的是他自己著的一部五六百页厚的精装的巨著当教本。无论谁看到这部大书，也会不由得对这位教授起尊敬心，但倘若一加仔细研究，就会发现这部书除了厚大以外没有别的任何长处，世界上除了中国以外没有一个国家肯出钱替他印这部书的。里面对世界上的许多名著的内容都有一撮要的说明，倘若仔细推敲起来，这些说明却不可靠，几乎都有问题。这些名著的原文他当然没读到过，连译本他似乎也没读了几种，他只是直抄别人的书，而且抄得极荒疏，极不小心。这也证明他连抄的耐性都没有，然而他就是我们国立大学的名教授。

我在这里不能替每一个我的外国老师都作一个介绍。总括一句，除了很少数的例外外，他们都差不多，不管他们是哪一国人。在他们本国，他们都在大学毕过业。我不知道他们在本国究竟能够找到什么职业，但一定不会是大学教授，这是我们可以断言的。他们有的或者可以在大学里做助教，有的或者可以做中学教员，有的只配在商店里做一个店员，在机关里做小公务员。然而这些称呼都不响亮，于是他们就来到中国，在我们的大学里成了名教授。

倘若他们老老实实地做教授的话，做上几年，说不定也可以做出点成绩来。倘若认真读书,也一定会有所得的,但有些人来中国的目的却是醉翁之意不在酒。有的完全为了好奇心,想来看一看这神秘的国度,结果学了一脸假笑,挤鼻子挤眼,打躬作揖,自命为中国通,能说三句半中国话,回国去了,不久就写成了几厚册论中国的书,于是出了名,发了财,皆大欢喜。有的在本国研究汉学,找到一个机会到中国来想继续研究,在中国大学里担任的课程与他们自己研究的毫无关系。他们可以教历史,教哲学,教希腊文、拉丁文,教古典文学;德国人教法文,美国人教德文,他们简直是万能。同时还忘不了自己的工作,找自己的学生或花钱雇助理帮自己翻译中国的古书,诗词歌赋全行。译的时候尽可能找别人,但书籍出版的时候却只剩下自己的名字。于是也出了名,发了财,说不定让本国的大学请回国去做汉学教授,仍然是皆大欢喜。

从这样的教授那里我们可以学到什么东西,我们一想就可以知道。但这不过是在中国误中国的青年学生而已,还不足以尽他们的任务。他们一回国,当然就会有人问他们在中国的职业,他们也当然就会回答说做教授。他们的亲戚朋友一定很惊奇,像他这样的人居然在中国能够做到教授,中国的大学教育也就可以想见了。于是一传十,十传百,他们脑筋里都有了先入之见,即便再想把中国大学的真相告诉他们,也没有用了。我说中国大学的真相,意思是说,中国大学教授的本质固然不能同其他学术先进国家比,但也不像他们想的那样坏。我们不否认,有很多中国教授同这些外国教授差不多，但也有些真正有地位的学者，他们在世界上任何国家的大学里都能做到教授而无愧。把这些学者同这些外国教授拉在一起，相提并论，简直是不伦不类。要想避免这不伦不类的滑稽剧，我们只有让够做大学助教的外国人留在他们本国做大学助教，够做中学教员的留在他们本国做中学教员，够做店员、小公务员的留在他们本国做店员、小公务员。倘若我们非聘请外国教授不行的话，我们要聘请的是另外一些人。

这些人我们也聘请过，可惜数目很少，只能算作我上面说到的少数的例外。譬如北京大学以前聘请的美国地质学家葛利普就是其中的一个，葛先生是世界上有名的学者，在中国住了半生，弟子遍中国。中国地质学和古生物学能有这样的成绩，我们要归功葛先生。这样的外国教授我们才需要，才真值得我们聘请。有葛先生这样的外国教授，是我们中国大学的光荣。即便有许多学者不能像葛先生一样在中国住那样许多年，但这也没有关系。杜威、罗素在中国只是旅行了一趟，但他们在几个讲演里留给中国的影响仍然很大，是那些挤鼻子挤眼、打躬作揖的中国通和那些让别人做工作自己来出名的所谓汉学家万万想不到的。

除了这些真正有地位的学者以外，为了中国学生学习外国语言起见，我们也可聘请外国人来教。但我们绝不应该像现在这样随便一个外国的张三李四都给他教授的名衔。我们并不是没有前例可援。我们可以学英国、德国的办法，只要教实用语言的外国人一律给他教员的名义。只有真正有地位的学者，最少在外国也能做到正教授的，我们才给他教授的名义。这就是我在开头说到的条件。

1948 年 1 月 30 日

外语教学要为四个现代化服务

党中央号召全国人民在本世纪内，把我国建设成为现代化的社会主义强国。这是我国当前压倒一切的重大政治任务。全国各行各业都已经行动起来了。我们外语工作者也决不能后人，要下定决心，把这项任务同我们的具体工作结合起来，努力奋斗，以求贯彻。

实现四个现代化，重点应该放在科技方面，这是毫无疑义的。但是我们也决不能把四个现代化理解得过于狭隘，决不能认为科技以外的工作都不应该做。我们应该着眼于极大地提高中华民族的科学文化水平，把眼光放远一些。

专就科技而论，尽管我们目前从事外语教学和科研工作的人，多半对科技了解不多，做起工作来会有不少的困难，但是我们还是有大量工作可做。举其大者，约有以下诸项：

一、努力提高外语教学质量，钻研外语理论，试行新的教学法，使用最新的教学设备，多快好省地培养高质量的中学外语师资（这里指的是英、德、法、日、俄等通用语种）。

二、在综合大学内，加强理工科公共外语课的教学工作。

三、帮助理工科教员尽快掌握外语。

四、帮助准备出国学习的教师和学生尽快掌握有关的外语。

五、如果有需要的话，同理工科教师密切配合，翻译外国科技资料。

六、同理工科教师密切配合编好科技教科书。

七、同理工科教师密切配合编好科技词典。

八、办好外文科技刊物。

以上只是临时想到的几个例子。我们因时因地还会找到更多的工作。我们自己也必须而且能够学习一些科技知识，用来丰富我们的头脑。从长远来看，主要还是要靠科技人员自己去提高外语水平。我们相信，在将来的某一个时期，他们一定能够做到这一步。

从目前来看，我们外语工作者当然还有别的工作可做。小语种更是这样。我们还要在外国语言、文学、历史、现状等等方面进行探讨。这些也都是重要工作。我们在这些方面的基础也决不能说是很雄厚，这些工作对于社会主义革命和建设，对于提高我们的科学文化水平，也决不能说是可有可无。总之，我们从事外语教学和科研工作的人们，任务是多方面的，又是非常艰巨的。让我们团结起来，共同努力吧！

1978 年 10 月

汉语与外语

一、问题的提出

我们正处在20世纪的世纪末中，也可以说是处在第二千纪的千纪末中，再过几年，一个新的世纪，21世纪和一个新的千纪，第三千纪，就要来到我们眼前。值此世纪和千纪转轨之际，学术界的各门学科都在进行回顾与前瞻，我们语言学界当然也不会例外。在过去将近一百年中，我们学术界以及学术界以外一些人士，对待外语的态度有天翻地覆的转变。总的发展趋势是，由世纪初的漠然懵然到了世纪末的肃然狂然。时至今日，不但大中小学都有了英文教学，连给店铺起名，给商品命名，给新生婴儿起名字，都非带点洋味不行，连官方的电视台也称之为XXTV。如此等等，不一而足。这是好事呢，还是坏事？这是进步呢，还是退化？兹事体大，非三言两语可以说清楚的，这里先不深入探讨。但是，我个人总认为，这是大势所趋，这是世界潮流所向，九斤老太头摇得再厉害，也无济于事。

我们语言学界不能独立独行，我们也不能反潮流，我们也必须在回顾与前瞻的基础上思考与语言有关的问题。问题是千头万绪，决不能毕其功于一役。我先提出一个在我们日常活动中和学术研究中汉语与外语的关系问题,来谈一谈我个人的看法。

二、当前的情况

社会上一般的情况,我已在上面稍有所涉及,我在这里集中谈学术界的情况,特别是北京大学的情况,后者是有些代表性的。

北大是处在社会中的,并非世外桃源。社会上弥漫着外国热——简短地说,实际上就是英语热——当然会波及北大;不但波及,而且变本加厉。可是根据我多年的仔细地观察与体会,我终于发现,尽管在这里英语热热得发烫,但是,该学的人中却有不爱学者,而在学习的人中,学习的方式和目的都令人担忧。

什么叫"该学的人"呢?我首先指的是教师,而且不是哪一科的教师,而是所有的教师。到了今天,大家都会承认,所有的国家,所有的学科,都是世界性的、国际性的,哪一科也不能自我封闭,闭关锁国。如果真想这样做的话,其无前途完全是可以断言的。就拿中国国学来说,表面上来看,这是中国的学问,中国学者不通外语,完全能够玩得转的。然而,如果不是井蛙观天而放眼世界的话,则立刻就能发现,别的国家也在研究我们的"国学",而且由于研究基础和传统的不同,由于研究角度和方式的差异,往往能发我们所未发之覆。这样的例子比比皆是,俯拾即得,不承认是不行的。中国古人早就认识到这个真理了,他们说:"他山之石,可以攻玉。"讲的就是这个道理。外国汉学家往往喜欢搞一些很小很偏僻的题目,搞一些我们中国国学家所疏忽不注意的题目,搞一些由于语言条件的限制而我们搞不了的课题。这些题目完全可以弥补我们的不足，使我们的国学研究涵盖面更广，钻研得更深。这会大大地有利于我们的国学研究，彰彰在人耳目，不言自明。至于国学以外的其他国际通行的学科，我们更需要随时了解世界各国同行们的研究情况，决不允许闭门造车，其道理更是人人都能明白的，解释反而会成为赘疣。

能做到这一步，必须通外语。

现在北大流行一种说法：我们的学科要与外国接轨。我认为这个说法提得好，提得鲜明生动，是不易之理，也是我们中国学术界进步的表现。但是，如果想接轨，必须首先知道轨究竟在什么地方，否则自己的轨往哪里去接呢？乱接一气，驴唇对不上马嘴，接这样的轨有什么用处呢？

真想接轨，必须通外语。

事实上，有一些轨就在眼前，比如说到外国去参加国际学术讨论会，出席的基本都是同行的学者，这些就是摆在眼前的轨，要想接立刻就能接上。然而，"眼前有轨接不得，只缘缺乏共同语"。我曾多次参加国外举办的国际学术讨论会。有时候我国派出去规模相当大的代表团，参加者多为著名的学者，个个满腹经纶，学富五车，在国内、国际广有名声。如果请他用中国话做学术报告，必然是广征博引，妙语连珠，滔滔如悬河泻水，语惊四座。然而，我们的汉语，虽然在世界上使用的人数居众语的前列，可惜由于种种原因还没有能争取到国际学术通用语的地位，一出国门，寸步难行。没有哪一个在国外召开的学术会议规定汉语为会上发表论文的通用语，我们只好多带翻译。然而有不少会议规定，参加主席团不能带翻译，宣读学术论文不能带翻译。于是不会说洋话的代表团长（在国内往往是个官）只好退避三舍，成为后座议员。而有一些很有价值的优秀论文也得不到向国外同行们显示的机会。

在会议休息时，往往到大客厅里去喝点咖啡或茶，吃点点心，这正是不同国家的学者们交流感情、增进友谊的好时机。每一位学者手端一杯饮料，这里聊上几句，那里侃上一阵，胡谈乱侃中，往往包含着最新的学术消息。如果有共同的语言，这真是如鱼得水，不费吹灰之力，就能"秀才不出门，便知天下事"。然而可惜的是我们中国的学者，只带了一张嘴，然而却没有带语言工具，除了点头微笑之外，连"今天天气，哈，哈，哈"都说不出来。尴尬之态可掬，只好找中国人扎堆儿谈话。

参加国外学术会议，必须通外语。

我在上面举的这几个必须学习外语的例子，只是顺手拈来，一点求全的意思也没有。真想求全，是办不到的，也是没有必要的。我觉得，仅仅这三个小例子也足以令人触目惊心了。我谈的对象也决不仅仅限于大学的圈子，这个圈子以外的所有的科研机构中的人员，都应当包括在里面的。至于在政府部门，不管是经济、教育、法治、国防，等等，等等，都必须同外国同行或非同行打交道。语言不能沟通,必须配备翻译,翻译必须学外语,而且还要学好外语,这属于常识之列,用不着多说了。

我现在想从另外一个角度来谈一谈学习外语的必要性。不管是在大学,还是在科研部门,研究学问第一步要懂目录学,特别是与自己研究的学科有关的目录学,这是必不可少的一步。中国有造诣的学者,比如说乾嘉诸大师,以及西方各门学科有成就的学者,无不如此。不通目录学,不看新杂志,你连一个值得研究的题目都不会找到。研究学问,不能闭着眼睛捉麻雀。一个题目,特别是在自然科学内,如果别的国家的学者已经研究过,而且已经得出了结果,你懵懵无知,又费上力量,从事研究。如果真出现这种情况,将会腾笑士林,无颜见人。在人文社会科学中,情况与此稍有区别。比如一个庄子,别人能研究,你当然也能研究。因为人文社会科学有一些题目不是丁是丁,卯是卯,同一个题目结果也能够而且允许不同的。即使是这样,人文社会科学者也必须了解国内外与自己研究有关的进展情况,与自己看法相同的可以增加研究信心,与自己看法不同的可以供自己进一步推敲和思考。研究学问,不是创作写诗,你必须认真搜集资料,资料越多越好,要有"竭泽而渔"的气魄。古代学者只搜集中国材料就足够了。我们处于今天信息爆炸的时代,搜集资料只限于中国是绝对不行的,必须放眼世界。这是时势使然,不这样做,是不行的,而想做到这一步,必须学习外语。

根据上面的极简短的说明,人们已经可以知道,在当前中国,学习外语的重要性已昭如日月。我既讲了北大的教师,也讲到了北大以外的科学工作者。很可惜,在这些人中,不懂外语的和所懂不多的,人数并不算太少。更可惜的是,他们自我感觉极为良好,对学习外语的重要性似乎一点也不理会。我希望,这种局面能够尽快改变。

在"该学的人"之外,我还必须提到一类"学者",我的意思是指"学的人"或者"爱学的人"。他们爱学外语,当然是一件绝大的好事。但是我又想说,他们学习的方式和目的都令人担忧。这是什么意思呢?这一类人中,青年学生较多。他们学习得非常刻苦,除了上正课以外,有的还参加什么"英语强化班",有的简直到了废寝忘食的程度。他们真懂得了学习外语(首先是英语)的重要性了吗?倘你进一步深入了解,可以说,在一种特殊的意义上,他们是懂得的。英语是一把金钥匙,可以帮他们打开出国的大门,可以帮他们拿到绿卡,可以使他们异化为非中国人。这是学习的目的,目的决定学习方式。指导他们学习的指挥棒就是大名鼎鼎的托福和GRE。这两个指挥棒怎样指挥,他们就怎样跟着转,不肯也不敢越雷池一步。这样学外语会得到一个什么结果,可以想见。抱着这样的目的,使用这样的方式来学习外语,难道还不令人担忧吗?

三、我对出国留学的看法

读了上面我写的那一些话,也许有人会怀疑我是反对出国留学的。

不，不，绝对不是这样。我不但不反对中国青年学生出国留学，而且真诚地、积极地希望和帮助他们这样做。不但年轻学生，连并不年轻的教员，不管是哪一门学科的，我都希望他们能够出国看一看，学一学，时间可长可短，走的国家可多可少，访问和学习的方式可以多种多样。多少年来，世界各国的人士都承认，现在的世界越变越小了。不但"鸡犬之声相闻，老死不相往来"的时代早已被我们远远地抛在后面，连法显、玄奘、义净时代到天竺去取经要经过艰难跋涉，千辛万苦的情况，也早已成为历史陈迹。当今之世，出国千里万里，朝发夕至，人类连当年被认为是"天上宫阙"的月球都能够登上。要想再当井底之蛙，是绝无可能的。何况我们这一些在大学或其他科研机构学习和工作的人，更需要放眼世界，否则学习和工作都决无前途。因此我才有上面说到的那些想法和希望。

但是，我希望我们中国的老、中、青年的学者们，甚至包括一些学生在内，都能够到国外去看一看、学一学，其目的同当前的人数不能算是太少的青年们努力通过托福和 GRE 考试的目的是绝对不相同的，是针锋相对的。我希望，他们看一看、学一学之后还要回到我们的祖国来，用看到的和学到的本领来建设我们的国家。而那些兀兀穷年、废寝忘食努力学习外语，通过必要的测试终于到了外国的青年人，他们的最终目的是能拿到绿卡，放弃中国国籍。正如中国俗话所说的那样：牛肉包子打狗，一去不回。

我是坚决反对和蔑视这种行为的。

但我自己并不是一个极端狭隘的民族主义者。在今天的世界上,放弃一个国籍,取得一个新国籍,这完全是个人的行动,并不是犯法的行为。可是我觉得对这个问题必须作具体的分析,不能眉毛胡子一把抓。所谓"具体的分析"者,就是要看为什么,在什么时候,加入什么国家,放弃什么国家。这话太玄虚,还是直白地说为好。我不讲别的国家,只讲中国与美国。中国是一个穷国,而美国是一个富国,就眼前来说,这是最大的区别。嫌贫爱富,虽然说是人之常情,但是却一向为中国伦理道德所鄙视。西方国家的伦理道德可能是完全不一样的,他们可能认为这是正常和正当的行为,别人无权说三道四。

但是,在中国则不然。前几年,我曾写过一篇文章《一个老知识分子的心声》。其中我谈到,几千年来,中国的知识分子养成了两个突出的特点,一个是爱国主义,一个是讲骨气。两者有联系,又有区别。存在决定意识,这两个特点也是中国历史存在所决定的。中国从先秦起,每一个朝代都有"边患",也就是外敌的侵略和骚扰。这些外敌今天可能已融入中华民族大家庭中,但在当年却确是敌人,屠杀我人民,强占我土地。这种长达几千年的外敌压境的情况,就决定了中华传统的爱国主义。像岳飞、文天祥、林则徐等等家喻户晓的爱国人物,没有外敌的国家是不会产生的。

至于讲骨气,则与此有联系,又有区别。在外寇的斧钺面前,决不贪生怕死,这也是爱国主义的一种表现。在别的地方,中国人也讲骨气。宁愿饿死也不吃嗟来之食，几千年来在中国传为美谈。三国时候，祢衡击鼓骂曹；民国时候，章太炎赤足持扇胸佩大勋章站在新华门前痛骂袁世凯；新中国成立前夕，朱自清忍饥不吃美援面粉，如此等等，都传为佳话，表现了中国人民的硬骨头。

眼前，我们国家社会正处在转型时期，由于众多的原因造成了我们仍然是一个穷国，人们，当然包括知识分子在内，工资极低，同国外比较起来，简直让人感到寒碜和脸红。我认为，这只是一个暂时的过渡现象，将来一定会改变的。我们眼前的日子确实过得非常紧，可并没有看到哪一个知识分子真正挨饿的。而且按照中国古老的传统，越是在困难中越应该显出我们的骨气。"岁寒，然后知松柏之后凋也。"这句话道出了中国知识分子的心声。

然而，可悲的是，这一个在世界民族之林中也能称得上独特的值得称扬的优良传统，今天已被许多中国青年人忘掉了，忘得无影无踪了。为了生活得好一点，多捞一些美元，竟忍气吞声、心甘情愿地住在一个中国人被视为不知是几等（反正连二等也够不上）公民的国家里，天天吃着嗟来之食，我真想问一声：美国的黄油面包你咽得下去吗？自己国家的事办不好，有骨气的人都应当咬一咬牙，排除万难，把自己的事办好，焉得厚着脸皮赖在人家的国家里不走！

请大家千万不要误会，我并不是笼统地反对加入外国国籍。有的中国人，虽然入了美国籍，但身在异域，心悬中华，想方设法，帮助祖国办好教育，搞好科研，希望祖国真正富强起来。这样的人，在别的国家是极少见的。有的中国人,一旦异化为美国人,就弃自己原来的祖国若敝屣,这同他们缺少真正的爱国主义这一件事实是密切相连的。

但是,话又说了回来,我对那些极少数身处异域、心悬中华的人,虽然有点尊敬,但是,我的尊敬是有限度的。在我的心理天平上,这种人学成回国宁愿一箪食一瓢饮的人,分量是有相当大的悬殊的。

四、语言,特别是外语的功能

上面的话扯得太远了,还是收回来谈语言问题为宜。

语言是什么?如果硬钻牛角,世界上许多语言学派都有自己对语言下的定义,我个人觉得,这些定义都有一定的道理,但都有偏颇之外。我在这里不是写论语言的专著,我想完全不理会那些定义,我想只用传统的对语言的看法也就够了,这种看法就是语言是人类交流思想的工具。这是不是就是想说,只有人类才有思想,因而才有思想交流的工具呢?也还不这样简单。人类中有哑巴一种人,他们无语言而有思想,想要交流,只能靠手势。至于他们如何理解外在的世界,恐怕永久会成为一个谜,除非哑巴忽然能说了话,别人实无法越俎代庖。这问题我在这里先不谈。

至于禽兽有无语言,我知道,国外个别语言学家是主张禽兽也有语言的。这个问题同我现在要谈的问题无关,我在这里也先不谈。

我现在谈语言的功能,特别是外语的功能。对我们懂汉语又懂外语的人来说,同外国人交流思想,外语是绝对不可缺少的。然而,我却听说，30年代一个国民党政府驻意大利的公使（那时候还没有大使）只用一个意大利文相当于汉语"这个"的词儿，就能指挥使馆里的意大利工作人员完成他的指示。比如说，他指着窗子说"这个"。意大利人一看窗子，如果是开着，就把它关上；如果是关着，就把它打开。于是任务完成，皆大欢喜。其余的事情可依此类推。宋代赵普以半部《论语》治天下，我们的公使先生以"这个"一词治大使馆，古今异曲同工，堪称佳话。然而外语之为用渺乎小矣！

这当然是一个极端的例子，然而确实是事实。如你不信，我再举一个例子。50年代我随中国科学院代表赴东德开会，在莫斯科旅馆中碰到一位中国民主妇联的领导人，一位著名的国际活动家。她是从中国到日内瓦去开会的，孤身一人，一个翻译也没有带，而她自己又下那一位公使一筹，连外语的"这个"也不会说。然而竟能行万里路，从容不迫。我们私下议论，实在猜不透她在路上是怎样生活的。这也是一个事实。外语的功能又显得渺小了。

但是，我必须郑重声明，这些个别的例子，虽为事实，实不足为训。那一位到了日内瓦参加会议时必定会用翻译的。那一位公使在外交谈判中只用"这个"，也是办不到的。我绝不是劝人不学外语，而是劝人外语学得越多越好。我只想告诉读者，汉语和外语的功能都不是绝对化的。我们不是哑巴，能够说话，但有时还未免要动用手势。中国古时就有言意之辨，言是难以尽意的。不管怎样，我个人的经验是，掌握汉语或外语越好，则动用手势越少；反之则越多，而产生误会的机会也就越多,这种情况有时会影响思想交流,影响社会生活。在关键时刻,还会贻误"戎机",产生极其恶劣的影响。因此我们必须尽上一切力量掌握好汉语和外语。

五、翻译的危机

一个人掌握一种外语,已极不易,遑论多种!但是,居今之世,国与国之间必须打交道,打交道就必须靠翻译。这已是常识,不必多谈。

中国是最早的有翻译的国家,在先秦典籍中,已有翻译的记载。自从汉代印度佛教传入中国以后,中印高僧以及其他一些中亚民族的高僧,从事译经工作者,代不乏人。明末欧风东渐,又掀起了一股从西方语言译为汉文的高潮。此外,还有古今少数民族,如藏、蒙、回鹘等等,也都翻译了大量的佛典。到了近代和现当代,翻译的范围日益扩大,翻译的功能日益显著。在某一些方面,已经到了没有翻译就无法过日子的程度了。

从上面极其简略的叙述中,我们已经可以断言,从古至今,从实践到理论,中国都可以算是世界翻译第一大国。然而,根据我个人的经验和观察,中国现在存在着相当严重的翻译危机。我们翻译的量不是世界第一,我们翻译的面也不是世界第一,我们翻译的及时程度更不是世界第一。在这些方面,日本都走在我们前面。我个人没有研究过日本的翻译,他们的质量怎样,我不敢瞎说。但是,我们中国当前的翻译质量却不能不令人忧心忡忡。我接触的翻译并不是太多，但是，仅就我接触到的那一些来说，质量或多或少是有问题的，其中原因很多。有的译者外语水平不高，又不肯下死功夫去学习，急功近利，靠翻字典来翻译。有的人自以为是，连字典也不肯翻，抓住一本书，就译开了。其结果如何，不问可知。出版社的所谓责任编辑，有的通外语，有的通之不多，他们有的不肯核对原文。社会上、出版界，又缺乏有力的审查和监督制度。我认为，这是一种极不负责的态度。现在有某一些译本，不用查原文，仅从汉文不通之处，就能推知译文是有问题的。可惜这种危机现象还并没有能引起社会上，尤其是文艺界和学术界的普遍关注，一味听之任之，文恬武嬉，天下太平。

然而，我的心里面却无论如何也太平不下去，我深深知道翻译的重要性。从外国原作者来说，不管他们的学问多么大，书写得多么精彩，对不懂原书的语言的国人来说却都是像天书一般。谁也没有如来佛那样大的本领，有天眼通，有天耳通，能识尽人世间一切文字和语言。在世界各国，不管你能通多少外语，反正不能尽通。像这样能通多种外语的人，还不得不依靠翻译，遑论他人！就全体而论，我们中国人，尽管谁也不敢说我们缺少学习外语的天才，可是，事实上，我们由于种种原因，同东方一些国家相比，我们中国的外语水平还是比较低的。专以英文水平而论，我们的普遍性和水平较之印度，甚至亚洲和非洲的一些国家，还是有相当差距的。不承认这一点，不能算是实事求是的态度。

学习外语，浅尝辄止，似乎并不困难。但要精通，却必须付出极大的劳动，还必须有相当高的才能。两者缺一不可。我举口译作一个例子。50年代和60年代前半期，周恩来总理接见外宾，形形色色，除了政治家之外，有时也会有著名的学者和艺术家。这时候陪同会见的人中往往有中国的学者和艺术家、文学家等参加，我也有幸多次参加这样的会见。在这样的场合，口头译员是必不可少的。有时候，在外宾离去后，周总理往往让中国陪同人员留下，谈一谈刚才招待的情况。外宾在时，我的任务只不过是揖让进退，鞠躬如也，奉陪末座，一言不发。外宾一走，我们这些刚才是木雕泥塑的人，现在也活了起来，必须开口说话了。有一次，周总理含笑问翻译说："今天你又贪污了多少呀？"翻译也笑着回答说："不多，不多！至多不过百分之二十。"此时，郭沫若也在座，他接起话头说："我在日本住了多年，家中说的是日本话。但是，如果今天让我担任日语口译，我最多也只能翻到百分之八十。能有这个成绩，就应该表扬了。"总理点头称是。

又有一次，还是这样的场合，周总理对外宾说话时，使用"倚老卖老"这样一句俗话，翻译虽然译出来了，但感到有点困难。这一点总理也注意到了。于是在外宾离去后，他就同大家讨论"倚老卖老"究竟如何译为英文才算妥帖。大家七嘴八舌，最终也没有找到一个大家都满意的不失原文韵味的译法。

这仅仅是两个例子，但从中也足以看出口译之困难。口译难，笔译也不易。在这两方面，我个人都有不少经验与教训。我曾学习过不少的外语，但是，有的已经交还给老师。在剩下的那些外语中，笔译我使用过五六种，其中包括那一种稀奇古怪的吐火罗文。从梵文中译成汉文的最多，巴利文、英文和德文都有。口语能应用到一定程度的，只有英文和德文。口译工作我也曾作为临时客串担任过，其中困难，我所深知。端坐摆满山珍海味的宴桌前，食难下咽，如坐针毡。大约只有干过这一行的，才能知道其中的滋味。至于我的口译究竟贪污了多少，那就概难言矣。在这里，我还必须声明一句：我对有一些外语都是用过十年寒窗的苦功的，决非仓促临阵磨枪。

我刺刺不休地说这些话有什么用呢？我只想说一点，就是学习外语并不容易。我在下面还会谈到这个问题。这同今天的翻译危机有什么瓜葛呢？我个人认为，今天翻译之所以有危机，最根本的原因就是，有一些译者有意或无意地认为学习外语很容易。我们必须下定决心，力矫这种弊端，然后我们外语界才有希望。

六、学习哪一种外语

我在上面多次谈到学习外语的重要性。但是，在世界上，民族林立，几乎都各有各的语言或方言，其数目到现在仍然处在估计阶段，究竟有多少，没有人能说得清楚。至于语言的系属和分类的方法，更是众说纷纭，一直也没有大家都承认的定论。

一个明显的问题摆在我们眼前：我们中国人要学习哪一种或几种外语呢？这个问题在中国实际上已经解决了，学校里，科研单位，社会上,都在学习英语,而这个解决方式是完全正确的。

当年马克思和恩格斯共同领导世界共运时,根据传记的记载,他们两人之间也有所分工,马克思主要搞经济问题和理论研究,恩格斯分工之一是搞军事研究,在他们的圈子里,恩格斯有一个绰号叫"将军"。至于语言,两人都能掌握很多种。希腊文和拉丁文在中学就都学过,马克思能整段整段地背诵古希腊文学作品。据说他们对印度的梵文也涉猎过。他们两人都能用德、英、法文写文章。德文以外,他用英文写的文章最多,这是当时的环境使然,不足为怪。恩格斯更是一个语言天才,磕磕巴巴能说十几种外语。他们同家属一起到北欧去旅游,担任翻译的就是恩格斯。

总起来看,他们学习外语的方针是:需要和有用。

60年前,当我在德国大学里念书的时候,德国文科高中毕业的大学生,在中学里至少要学三种外语:希腊文、拉丁文、英文或法文。拉丁文要学八年,高中毕业时能用拉丁文致辞。德国大学生的外语水平,同我们中国简直不能同日而语,这对他们不管学习什么科都是有用的。欧洲文化的渊源是古希腊和罗马,他们掌握了这两种语言,比如英文、法文、荷兰和北欧诸国的语言,由于有语言亲属关系,只要有需要,他们用不着费多大的力量,顺手就能够捡起。据我的观察,他们几乎没有不通英文的。

总之,他们学习外语的方针依然是:需要和有用。

我们中国怎样呢?我们学习外语的目的和方针也不能不是需要

和有用。

拿这两个标准来衡量,我们今天学习外语首当其冲的就是英语。而近百年来我们的实践过程正是自觉或不自觉地遵守了这个方针。五四运动前,英语已颇为流行。我们通过英语学习了大量的西方知识,连德、法、俄、意等国的著作,也往往是通过英语的媒介翻译成了汉文的。五四运动以后,有些地方从小学起就开始学英文,初中和高中都有英文课,自然不在话下。山东在教育方面不是最发达的省份,但是,高中毕业生都会英文。学习的课本大概都是《泰西五十轶事》《天方夜谭》《莎氏乐府本事》等等,英文法则用《纳氏文法》。从这些书本来看,程度已经不算太浅了。可是,根据我的观察和经验,山东英文水平比不上北京、上海等地的高中毕业生。在这两个地方,还加上天津,有的高中物理学已经采用美国大一年级的课本了。

总而言之,简短截说一句话,中国一百年以来,学习外语,选择了英文,是完全合情合理的,是顺乎世界潮流的。

大家都知道,英文是英国、美国、加拿大、澳大利亚、新西兰等国的国语。连在印度,英文也算是国语之一。印度独立后第一部宪法规定了英文作为印度使用的语言的使用期,意思是,过了那个时期,英文就不再是宪法规定的使用语言了。但是,由于印度语言和方言十分繁杂,如果不使用英文,则连国会也难以开成。英文的使用期不能不无限期地延长了。在非洲,有一些国家也不得不使用英文。我们中国人，如果能掌握了英文，则游遍世界无困难。在今天的世界上，英文实际上已经成了"世界语"了。

说到"世界语"，大家会想到 1887 年波兰人柴门霍夫创造的 Esperanto。这种"世界语"确实在世界上流行过一阵。中国人学习的也不少，并且还成立了世界语协会，用世界语创作文学作品。但是，到了今天，势头已过，很少有人再提起了。此外还有一些语言学家有制造过一些类似 Esperanto 之类的人造语言，没有产生什么效果。有的专家就认为，语言是自然形成的，人造语言是不会行得通的。

可是，据我所了解到的，有人总相信，世界上林林总总的人民，将来有朝一日，总会共同走向大同之域，人类总会有，也总需要有一种共同的语言。这种共同语言不是人造的，而是自然形成的。但形成也总需要一个基础，这个基础是哪一种语言呢？从眼前的形势来看，英文占优先地位。但是，英文能不能成为真正的"世界语"呢？我听有人说，英文单独难成为"世界语"的。英文的结构还有一些不合乎人类思维逻辑的地方。有的人就说，最理想的"世界语"是英文词汇加汉语的语法。这话初听起来有点近似开玩笑。但是，认真考虑起来，这并非完全是开玩笑。好久以来，就有一种汉文称之为"洋泾浜英语"，英文称之为"pidgin English"的语言，是旧日通商口岸使用的语言。出于需要，非说英语不行，然而那里的中国人文化程度极低，没有时间，也没有能力去认真学习英语，只好英汉杂烩，勉强能交流思想而已。这种洋泾浜英语，好久没有听说了。

不意最近读到《读书》1998年第3期，其中有一篇文章《外语为何难学？》一文中讲道：语言具有表达形式与表达功能两套系统。两套系统的"一分为二"还是"合二而一"，直接影响到语文本身的学习。作者举英语为例，儿童学话，但求达意，疏于形式，其错误百出，常令外人惊愕。如I done it（I did it）（我做了它）；She no sleeping（She is not sleeping）（她没有睡）；Nobody don't like me（Nobody like me）（没有人喜欢我）。这表示功能与形式有了矛盾，等到上学时，才一一纠正。至于文盲则"终身无悔"了。当它作为外语时，这一顺序则正相反，即学者已经具备表达功能，缺少的仅仅是一套表达形式。作者这些论述给了我许多启发。三句例子中，至少有两句合乎洋泾浜英语的规律。据说洋泾浜英语中有"no can do"这样的说法，换成汉语就是"不能做"。为什么英国小孩学说话竟有与洋泾浜英语相类似之处呢？这可能表示汉语没有形式变化，而思维逻辑则接近人类天然的思维方式。英语那一套表达形式中有的属于画蛇添足之类。因此，使用英语词汇，统之以汉语语法，从而形成的一种世界语，这想法不一定全是幻想。这样语言功能与表达形式可以统一起来。这种语言是人造的，但似乎又是天然形成的，与柴门霍夫等的人造的世界语，迥异其趣。

七、怎样学习外国语

这是我经常碰到的一个问题，也是学外语的人容易问的一个问题。我在1997年给上海《新民晚报》"夜光杯"这一栏一连写了三篇《学外语》，其中也回答了怎样学习外语的问题。现在让我再写，也无非是那一些话。我索性把那三篇短文抄在这里，倒不全是为了偷懒。其中一些话难免与上面重复，我也不再去改写了，目的在保存那三篇文章的完整性。话，只要说得正确，多听几遍，料无大碍。

1998 年 6 月 13 日

外语教学漫谈

我学了一辈子外语，也教了一辈子外语。但是如果让我总结什么外语教学的经验，这对我却实在是一个难题。是我没有经验或教训吗？当然不是。我的感觉是："提起此事，一言难尽。"

新中国成立前后，我担任北京大学东语系的领导工作长达三十多年之久。在这一段很长的时间内，虽然我从来没有放弃自己的研究工作，每一次运动都要检查业务挂帅，智育第一，但是我用在行政方面的时间也确实不少，很大一部分时间都在开会。"春花秋月何时了？开会知多少？"（借用冯至同志的话）我常常开玩笑说，现在这"学"那"学"，多如过江之鲫。如果有人提倡创立一门"开会学"的话，我一定申请参加研究，如果让我写一本《开会学导论》之类的书，我一定会写得异常精彩，既有理论，又有实践，将大大地扩大我们的科学研究的范围，提高科学研究的水平，出版以后，一定会洛阳纸贵，给现在出版界缺纸的情况再增加一份压力。

我开会的内容是多种多样的。研究外语教学法是其中重要的内容之一。现在全国从事外语教学的同志们一定都能够回忆起过去几十年的情况。我们没日没夜地为了外语教学法伤过多少脑筋呀！什么速成法，什么拉赫曼诺夫，什么词汇分析，什么复用式和领会式，什么病历卡，什么直接教学，什么听说领先，等等，等等，几乎是隔几年就换一套新花样，而且是举国皆然。一听说什么地方出了"先进"经验，就不远万里，跋山涉水，亲临学习。取经者接踵于道路，传道者高踞于讲堂，大家都兴致勃勃，乐此不疲。

结果怎样呢？大家都可以回忆一下。要说是所有的教学法尝试都失败了，根本没有什么成绩可言，那不是事实。我们新中国成立后的外语教学成绩远非新中国成立前可比。这一点是无法否认的。要说是成绩非常大，它能同花费的时间和精力成正比，那恐怕也不是事实。一直到现在我们也还说不出，究竟哪一种教学方法最合理想，最有效益。

最近若干年以来，根据我自己的观察，几乎没有什么地方再谈什么外语教学法了，"文革"前那种钻研教学法的劲头再也见不到了。这是不是表示我们退步了呢？我说不出。这是不是表示我们现在的外语教学水平大大落后了呢？我看也不见得。我们现在的外语教学成绩不容抹杀。

写到这里，也许有人会说："你既不否定过去搞教学法成灾的做法，又不否定现在不太讲教学法的成绩，你这貌似辩证法，实际是在变戏法！"我先不回答这种质问，我先谈点别的事情。

我记得鲁迅先生在一篇什么文章里讲了一个笑话。一个人在市场上叫卖治臭虫的用纸裹着的锦囊妙计，要的钱并不算少。有人买了一份，打开一看，里面还有一层纸，一直打开了六七层纸，最后发现了一个小纸条，上面写着两个字：勤捉。这是一个笑话，但是你能说它没有道理吗？

外语教学我看也有类似的情况。我决不否定教学法的重要性。但是我们也决不能让眼花缭乱、五花八门的教学法牵着鼻子走，而忘掉外语教学最根本的一条：真正调动学生的积极性和主动性，让他们尽可能早地接触外语的实际；让他们自己先努力寻找适合自己情况的学习方法，让他们去拼搏，让他们自己去吃点苦头。

我又想在这里谈一谈德国教外语的方法。我不谈理论，因为没有人教过我这方面的理论，我也不想去杜撰，我只谈实际情况。我在德国开始学俄语，每周只上课两次，每次两学时，共四个学时。第一次上课，教员领着学生念了念字母。我觉得速度不算快，还比较舒服。第二堂课以后，老师就让学生自己按照教科书的顺序，背生词，学语法，做练习，教员以后就不再讲解了。每次上课就做教科书上的练习，其中也有会话的练习，学生念俄文，学生翻成德文，错了老师纠正。大概过了两个礼拜，老师就让念果戈里的小说《鼻子》。这对我无疑是当头一棒，丈二和尚，我简直摸不着头脑。我抱着一本字典，对着原文查下去。几乎每一个字都只能查到前一半，后一半是语尾变化，我根本不知道，只能乱翻语法，努力找出语尾变化。一个小时的课，我要五六倍、七八倍的时间来准备。真是苦不堪言。结果在一个学期内，学完了一本教科书，念完了《鼻子》。

我觉得这种教学法真能调动学生的积极性和主动性。我曾对许多人谈过我的这一番经历。在"文化大革命"中，我受到批判，说我是宣传法西斯教学法，我真是啼笑皆非。这种教学法好像在德国很流行，但决非德国法西斯的发明创造。19世纪一个什么人就说过：要学游泳，老师把学生带到游泳池旁，一下子把他们推下水去。如果淹不死，他就学会了。我相信，这只是一个比方，没有人会真这样去干的。我们要体会其中蕴含着的意义。学外语也是如此。这是否有点野蛮呢？我看不能这样说。这办法确实有效。它确实能把学生的全部积极性和主动性毫无遗漏地调动起来。

学外语，同干任何事情一样，必须调动参加者的积极性，让他们尽快尽早地接触到工作的对象、工作的实际。我看这同捉臭虫要勤捉一样，既是老生常谈但又确有效用。过去几十年我们搞教学法，未可厚非，但对学生的积极性的调动则似乎重视不够。我也算是外语战线上的一个老兵。在折腾了几十年以后，到了垂暮之年，却只能拿出这样一点"经验"来，我自己也觉得脸红。我知道，即使这一点刍荛之言，别人也还不见得都赞同，我自己却深信不疑。质诸上海外语界的同行们，不知以为如何。

1986年6月27日

我和外国语言

我学外国语言是从英文开始的。当时只有十岁,是高小一年级的学生。现在回忆起来,英文大概还不是正式课程,是在夜校中学习的。时间好像并不长,只记得晚上下课后,走过一片芍药栏,当然是在春天里,其他情节都记不清楚了。

当时最使我苦恼的是所谓"动词",to be 和 to have 一点也没有动的意思呀,为什么竟然叫作动词呢?我问过老师,老师说不清楚,问其他的人,当然更没有人说得清楚了。一直到很晚很晚,我才知道,把英文 verb(拉丁文 verbum)译为"动词"是不够确切的,容易给初学西方语言的小学生造成误会。

我万万没有想到,学了一点英语,小学毕业后报考中学时竟然派上了用场。考试的其他课程和情况,现在完全记不清楚了。英文出的是汉译英,只有三句话:"我新得到了一本书,已经读了几页,但是有几个字我不认识。"我大概是译出来了,只是"已经"这个字我还没有学过,当时颇伤脑筋,耿耿于怀了若干时日。我报考小学时,曾经因为认识一个"骡"字,被破格编入高小一年级。比我年纪大的一个亲戚,因为不认识这个字,被编入初小三年级。一个字给我争取了一年。现在又因为译出了这几句话,被编入春季始业的一个班，占了半年的便宜，如果我也不认识那个"骡"字，或者我在小学没有学英文，则我从那以后的学历都将推迟一年半，不知道会产生什么样的后果。人生中偶然出现的小事往往起很大的作用，难道不是非常清楚吗？不相信这一点是不行的。

在中学时，英文列入正式课程。在我两年半的初中阶段，英文课是怎样进行的，我已经忘记了。我只记得课本是《泰西五十轶事》、《天方夜谭》、《莎氏乐府本事》（《Tales from Shakespeare》）、Washington Irving 的《拊掌录》（《Sketch Book》），好像还念过 Macaulay 的文章。老师的姓名都记不清楚了。只记得，初中毕业后，因为是春季始业，又在原中学念了半年高中。在这半年中，英文教员是郑又桥先生。他给我留下了深刻难忘的印象。听口音，他是南方人。他英文水平很高，发音很好，教学也很努力。只是他有吸鸦片的习惯，早晨起得很晚，往往上课铃声响了以后，还不见先生来临。班长不得不到他的住处去催请。他有一个很特别的习惯，学生的英文作文，他不按原文来修改，而是在开头处画一个前括弧，在结尾处画一个后括弧，说明整篇文章作废，他自己重新写一篇文章。这样，学生得不到多少东西，而他自己则非常辛苦，改一本卷子，恐怕要费很多时间。别人觉得很怪，他却乐此不疲。对这样一位老师是不大容易忘掉的。过了20年以后，当我经过了高中、大学、教书、留学等等阶段，从欧洲回到济南时，我访问了我的母校，所有以前的老师都已离开了人世，只有郑又桥先生一个人孤零零地住在临大明湖的高楼上。我见到他,我们俩彼此都非常激动,这实在是我万万没有想到的事。他住的地方,南望千佛山影,北望大明湖十里碧波,风景绝佳。可是这一位孤独的老人似乎并不能欣赏这绝妙的景色。从那以后,我再没有见到他,想他早已经不在人世了。

我们那一些十几岁的中学生也并不老实。来一个新教员,我们往往要试他一试,看他的本领如何。这大概也算是一种少年心理吧。我们当然想不出什么高招来"测试"教员。有一年换了一位英文教员,我们都觉得他不怎么样。于是在字典里找了一个短语"by the by"。其实这也不是多么稀见的短语,可我们当时从来没有读到过,觉得很深奥,就拿去问老师。老师没有回答出来,脸上颇有愧色。我们一走,他大概是查了字典,下一次见到我们,说:"你们大概是从字典上查来的吧?"我们笑而不答。幸亏这一位老师颇为宽宏大量,以后他并没有对我们打击报复。

在这时候,我除了在学校里念英文外,还在每天晚上到尚实英文学社去学习。校长叫冯鹏展,是广东人,说一口带广东腔的蓝青官话。他住的房子非常大,前面一进院子是学社占用。后面的大院子是他全家所居。前院有四五间教室,按年级分班。教我的老师除了冯老师以外,还有钮威如老师、陈鹤巢老师。钮老师满脸胡须,身体肥胖,用英文教我们历史。陈老师则是翩翩佳公子,衣饰华美。看来这几个老师英文水平都不差,教学也都努力。每到秋天,我能听到从后院传来的蟋蟀的鸣声。原来冯老师最喜欢养蟋蟀,山东人名之曰蛐蛐儿，嗜之若命，每每不惜重金，购买佳种。我自己当时也养蛐蛐，常常随同院里的大孩子到荒山野外蔓草丛中去捉蛐蛐，捉到了一只好的，则大喜若狂。我当然没有钱来买好的，只不过随便玩玩而已。冯老师却肯花大钱，据说斗蛐蛐有时也下很大的赌注，不是随便玩玩的。

在这里用的英文教科书已经不能全部回忆出来。只有一本我忆念难忘，这就是 Nesfield 的文法，我们称之为《纳氏文法》，当时我觉得非常艰深，因而对它非常崇拜。到了后来，我才知道，这是英国人专门写了供殖民地人民学习英文之用的。不管怎样，这一本书给我提供了很多有用的资料。像这样内容丰富的语法，我以后再没有见过。

尚实英文学社，我上了多久，已经记不起来，大概总有几年之久。学习的成绩我也说不出来，大概还是非常有用的。到了我到北园白鹤庄去上山东大学附设高中的时候，我在班上英文程度已经名列榜首。当时教英文的教员共有三位，一位姓刘，名字忘了，只记得他的绰号，一个非常不雅的绰号。另一位姓尤名桐。第三位姓和名都忘了，这一位很不受学生欢迎。我们闹了一次小小的学潮：考试都交白卷，把他赶走了。我当时是班长，颇伤了一些脑筋。刘、尤两位老师却都受到了学生的尊敬，师生关系一直是非常好的。

在北园高中，我开始学了点德文。老师姓孙，名字忘记了。他长得宽额方脸，嘴上留着两撇像德皇威廉二世的胡须，除了鼻子不够高以外，简直像是一个德国人。我们用的课本是山东济宁天主教堂编的书，实在很不像样子，他就用这个本子教我们。他是胶东口音，估计他在德国占领青岛时在一个德国什么洋行里干过活，学会了德文。但是他的德文实在不高明，特别是发音更为蹩脚。他把"gut"这个字念成"古吃"。有一次上堂时他满面怒容，说有人笑话他的发音。我心里想，那个人并没有错，然而孙老师却忿忿然，义形于色。他德文虽不高明却颇为风雅，他自己出钱印过一册十七字诗，比如有一首是嘲笑一只眼的人：

发配到云阳，
见舅如见娘，
两人齐下泪，
三行！

诸如此类，是中国民间文学的一种形式，严格地说就是民间蹩脚文人的创作，足证我们孙老师的欣赏水平并不怎样高。总之，我们似乎只念了一学期德文，我的德文只学会了几个单词儿，并没有学好，也不可能学好。

到了1928年，日寇占领了济南，我失学一年。从1929年夏天起，我入了山东省立济南高中，据说是当时山东全省唯一的一所高中。此时名义上是国民党统治，但是实权却多次变换，有时候，仍然掌握在地方军阀手中。比起山东大学附设高中来，多少有了一些新气象。《书经》《诗经》不再念了，作文都用白话文，从前是写古文的。我在这里念了一年书，国文教员个个给我的印象都很深，因为都是当时文坛上的名人，但英文教员我却都记不清楚了，高中最后一年用的什么教本我也记不起来了，可能是《格里弗游记》之类。我还能清晰地回忆起来的是几次英文作文。我记得有一次作文题目是讲我们学校。我在作文中描绘了学校的大门外斜坡，大门内向上走的通道以及后面图书馆所在的楼房。自己颇为得意，也得到了老师的高度赞扬。我们的英文课一直用汉语进行，我们既不大能说，也不大能听。这是当时山东中学里一个普遍的缺点，同京、沪、津一些名牌中学比较起来，我们显然处于劣势。这大大地影响了考入名牌大学的命中率。

　　此时已经到了1930年的夏天，我从高中毕业了。我断断续续学习英语已经十年了，还学了一点德文。要问有什么经验没有呢？应该有一点，但并不多。曾有一度，我想把整部英文字典背过。以为这样一来，就再没有不认识的字了。我确实也下过功夫去背，但持续了一段时间之后，我就觉得有好多字实在太冷僻没有用处，于是采用另外一种办法：凡是在字典上查过的字都用红铅笔在字下画一横线，表示这个字查过了。但是过了不久，又查到这个字。说明自己忘记了。这个办法有一点用处，它可以给我敲一下警钟：查过的字怎么又查呢？可是有的字一连查过几遍还是记不住，说明警钟也不大理想。现在的中学生要比我们当时聪明得多，他们恐怕不会来背字典了。阿门！加上阿弥陀佛！

不管怎么样，高中毕业了。下一步是到北京投考大学。山东有一所山东大学，但是本省的学生都是这山望着那山高，不大愿意报考本省的大学，一定要"进京赶考"。我们这一届高中有八十多个毕业生，几乎都到了北京。当年报考名牌大学，其困难程度要远远超过今天。拿北大、清华来说，录取的学生恐怕不到报的十分之一。据说有一个山东老乡报考北大、清华，考过四次，都名落孙山。我们考的那一年是第五次了，名次并不比孙山高。看榜后，神经顿时错乱，走到西山，昏迷漫游了四五天，才清醒过来，回到城里，从此回乡，再也不考大学了。

入学考试，英文是必须考的，以讲英语出名的清华，英文题出的并不难，只有一篇作文，题目忘记了。另外有一篇改错之类的东西。不以讲英语著名的北大出的题目却非常难，作文之外有一篇汉译英，题目是李后主的词：

别后春半，触目愁肠断。砌下落梅如雪乱，拂了一身还满。

有的学生连中文原文都不十分了解，更何况译成英文！顺便说一句，北大的国文作文题也非常古怪，那一年的题目是："何谓科学方法，试分析详论之。"这样一个题目也很够一个中学毕业生做的。但是北大古怪之处还不在这里。各门学科考完之后，忽然宣布要加试英文听写（dictation），这对我们实在是当头一棒。我们在中学没有听过英文。我大概由于单词记得多了一点，只要能听懂几个单词儿，就有办法了。记得老师念的是一段寓言，其中有狐狸，有鸡，只有一个字"suffer"，我临阵惊慌，听懂了，但没有写对。其余大概都对了。考完之后，山东学生面带惊慌之色，奔走相告，几乎完全是丈二和尚摸不着头脑。大家都知道，这一加试，录取的希望就十分渺茫了。

我很侥幸，北大、清华都录取了。当时我处心积虑地想出国留洋。在这方面，清华比北大条件要好。我决定入清华西洋文学系。这一个系有一套详细的教学计划，课程有古希腊拉丁文学、中世纪文学、文艺复兴文学、英国浪漫诗人、近代长篇小说、文艺评论、莎士比亚、欧洲文学史等。教授有中国人、英国人、美国人、德国人、波兰人、法国人、俄国人，但统统用英文讲授。我在前面已经谈到，我们中学没有听英文的练习。教大一英文的是美国小姐毕莲女士（Miss Bille）。头几堂课，我只听到她咽喉里咕噜咕噜地发出声音，"剪不断，理还乱"，却一点也听不清单词。我在中学曾以英文自负，到了此时却落到这般地步，不啻当头一棒，悲观失望了好多天，幸而逐渐听出了个别的单词，仿佛能"剪断"了，大概不过用了几个礼拜，终于大体听懂了，算是度过了学英文的生平第一难关。

清华有一个古怪的规定：学英、德、法三种语言之一，从第一年 X 语，学到第四年 X 语者，谓之 X 语专门化（specialized in X）。实际上法语、德语完全不能同英语等量齐观。法语、德语都是从字母学起，教授都用英语讲授，而所谓第一年英语一开始就念 Jane Austin 的《Pride and Prejudice》。其余所有的课也都用英语讲授。所以这三个专门化是十分不平等的。

我选的是德语专门化，就是说，学了四年德语。从表面上来看，四年得了八个 E（Excellent，最高分，清华分数是五级制），但实际上水平并不高。教第一年和第二年德语的是当时北京大学德文系主任杨丙辰（震文）教授。他在德国学习多年，德文大概是好的，曾翻译了一些德国古典名著，比如席勒的《强盗》等等。他对学生也从来不摆教授架子，平易近人，常请学生吃饭。但是作为一个教员，他却是一个极端不负责任的教员。他教课从字母教起，教第一个字母 a 时，说 a 是丹田里的一口气。初听之下，也还新鲜。但 b、c、d 等等，都是丹田里的一口气，学生就窃窃私语了："我们不管它是否是丹田里的几口气。我们只想把音发得准确。"从此，"丹田里的一口气"就传为笑谈。

杨老师家庭生活也非常有趣。他是北京大学的系主任，工资相当高，推算起来，可能有现在教授的十几倍。不过在北洋军阀时期，常常拖欠工资，国民党统治前期，稍微好一点，到了后期，什么法币、什么银圆券、什么金圆券一来，钞票几乎等于手纸，教授们的生活就够呛了。杨老师据说兼五个大学的教授，每月收入可达上千元银元。我在大学念书时，每月饭费只需六元，就可以吃得很好了。可见他的生活是相当优裕的。他在北大沙滩附近有一处大房子，服务人员有一群，太太年轻貌美，天天晚上看戏捧戏子，一看就知道，他们是一个非常离奇的结合。杨老师的人生观也很离奇，他信一些奇怪的东西，更推崇佛家的"四大皆空"。他把他的人生哲学应用到教学上就是极端不负责任，游戏人间，逢场作戏而已。他打分数，也是极端不负责任。我们一交卷，他连看都不看，立刻把分数写在卷子上。有一次，一个姓陈的学生，因为脾气黏黏糊糊，交了卷，站着不走。杨老师说："你嫌少吗？"他立即把S（superior，第二级）改为E。

我就是在这样的情况下学习德语的。高中时期孙老师教的那一点德语早已交还了老师，杨老师又是这样来教，可见我的德语基础是很脆弱的。第二年仍然由他来教，前两年可以说是轻松愉快，但不踏实。

第三年是石坦安先生（Von den Steinen，德国人）教，他比较认真，要求比较严格，因此这年学了不少的东西。第四年换了艾克（G·Ecke，号锷风，德国人）。他又是一个马马虎虎的先生。他工资很高，又独身一人，在城里租了一座王府居住。他自己住在银安殿上，仆从则住在前面一个大院子里。他搜集了不少中国古代名画。他在德国学的是艺术史，因此对艺术很有兴趣，也懂行。他曾在厦门大学教过书,鲁迅的著作中曾提到过他。他用德文写过一部《中国的宝塔》,在国外学术界颇得好评。但是作为一个德语教员,他则只能算是一个蹩脚的教员。他对教书心不在焉。他平常用英文讲授,有一次我们曾请求他用德语讲,他立刻哇啦哇啦讲一通德语,其快如悬河泻水,最后用德语问我们:"Verstehen Sie etwas davon?"我们摇摇头,想说:"Wir verstehen nichts davon。"但说不出来,只好还说英语。他说道:"既然你们听不懂,我还是用英语讲吧!"我们虽不同意,然而如哑子吃黄连,有苦说不出。课程就照旧进行下去了。

但是他对我却产生了极大的影响。他喜欢德国古典诗歌,最喜欢 Holderlin 和 Plateno。我受了他的影响,也喜欢起 Holdcrlin 来。我的学士论文《The Early Poems of Holderlin》就是在他的影响下写的,他是指导教授。当时我大概对 Holderlin 了解得不是太多太深。论文的内容我记不清楚了,恐怕是非常肤浅的。我当时的经济情况很困难,有一次写了几篇文章,拿了点稿费,特别向德国订购了 Holderlin 的豪华本的全集,此书我珍藏至今,念了一些,但不甚了了。

除了英文和德文外,我还选了法文。教员是德国小姐 Madmoiselle Holland,中文名叫华兰德。当时她已发白如雪,大概很有一把子年纪了。因为是独身,她性情有些反常,有点乖戾,要用医学术语来说,她恐怕患了迫害狂。在课堂上她专以骂人为乐。如果学生的答卷非常完美,她挑不出毛病来借端骂人,她的火气就更大,简直要勃然大怒。最初选课的人很多,过了没有多久,就被她骂走了一多半。只剩下我们几个不怕骂的仍然留下,其中有华罗庚同志。有一次把我们骂得实在火了,我们商量了一下,对她予以反击,结果大出意料,她屈服了,从此天下太平。她还特意邀请我们到她的住处(现在北大南门外的军机处)去吃了一顿饭。可见师徒间已经化干戈为玉帛,揖让进退,海宇澄清了。

我还旁听过俄文课。教员是一个白俄,名字好像是陈作福,个子极高,一个中国人站在他身后,从前面看什么都看不见。他既不会英文,也不会汉文,只好被迫用现在很时髦的"直接教学法",然而结果并不理想,我只听到讲 Скажите, пожалуйста(请您说!),其余则不甚了了。我旁听的兴趣越来越低,终于不再听了。大概只学了一些生词和若干句话,我第一次学习俄语的过程就此结束了。

我上面谈到,我虽然号称德文专门化,然而学习并不好。可是我偏偏得了四年高分。当我1934年毕业后,不得已而回到母校济南高中当了一年国文教员。之后,清华与德国学术交流处订立了交换研究生的合同,我报名应考,结果被录取了。我当年舍北大而趋清华的如意算盘终于真正实现了,我能到德国去留学了。对我来说,这真是天大的喜事。

可是我的德文水平不高,我看书大概是没有问题的,听、说则全无训练。到了德国,吃了德国面包,也无法立刻改变。我到德国学术交流处去报到的时候,一个女秘书含笑对我说:"Lange Reise!"(长途旅行呀!)我愣里愣怔,竟没有听懂。我留在柏林,天天到柏林大学外国语学院专为外国人开的德文班去学习了六周，到了深秋时分，我被分配到哥廷根大学去学习。我对于这个在世界上颇为著名的大学什么都不清楚。第一学期，我还没有能决定究竟学习哪一个学科。我随便选了一些课，因为交换研究生选课不用付钱，所以我尽量多选，我每天要听课六七小时。选的课我不一定都有兴趣，我也不能全部听懂。我的目的其实是通过选课听课提高自己的听的能力。我当时听德语的水平非常低，以前从来没有听过，这情况我在上面已经谈过。新中国成立后，我们的外语教育，不管还有多少不能令人满意的地方，其水平和认真的态度是新中国成立前无论如何也比不上的，这一点现在的青年不一定都清楚。因此我在这里说上几句。

我还利用另一种方式来提高自己的听说能力，这就是同我的女房东谈话。德国大学没有学生宿舍，学生住宿的问题学校根本不管，学生都住民房。我的女房东有一些文化水平，但不高。她喜欢说话，唠唠叨叨，每天晚上到我屋里来收拾床铺，她都要说上一大套，把一天的经过都说一遍。别人大概都不爱听，我却是求之不得，正好利用这个机会来练习听力。我的女房东可以说是一位很好的德文教员，可惜我既不付报酬，她自己也不知道讨报酬，她成了我的义务教员。

到了第二学期，我偶然看到 Prof. Waldschmidt 开梵文课的告示。我大喜过望，立刻选了这一门课。我在清华大学时，曾经想学梵文，但没有老师教，只好作罢。现在有了这样一个机会，我怎能放过呢？学生只有三个：一个乡村里的牧师，一个历史系的学生，还有我。Waldschmidt 的教学方法是德国通常使用的。德国 19 世纪一位语言学家主张，教学生外语，比如教学生游泳，把学生带到游泳池旁，一下子把他推下去，如果淹不死，他就学会游泳了。具体的办法是：尽快让学生自己阅读原文，语法由学生自己去钻，不在课堂上讲解，这种办法对学生要求很高。短短的两节课往往要准备上一天，其效果我认为是好的：学生的积极性完全调动起来了。他要同原文硬碰硬，不能依赖老师，他要自己解决语法问题。只有实在解不通时，教授才加以辅导。这个问题我在别的地方讲过，这里不再详细叙述了。

德国大学有一个奇特的规定：要想考哲学博士学位，必须选三个系，一个主系，两个副系。对我来说，主系是梵文，这是已经定了的。副系一个是英文，这可以减轻我的负担。至于第三个系，则费了一番周折。有一个时期，我曾经想把阿拉伯语作为我的副系。我学习了大约三个学期的阿拉伯语。从第二学期开始就念《古兰经》。我很喜欢这一部经典，语言简练典雅，不像佛经那样累赘重复，语法也并不难。但是在念过两个学期以后，我忽然又改变了想法，我想拿斯拉夫语言作为我的第二副系。按照德国大学的规定，拿斯拉夫语作副系，必须学习两种斯拉夫语言，只有一种不行。于是我在俄文之外，又选了南斯拉夫语。

教俄文的老师是一个曾在俄国居住过的德国人，俄文等于是他的母语。他的教法同其他德国教员一样，是采用把学生推入游泳池的办法。俄文每周两次，每次两小时，德国的学期短，然而我们却在第一学期内，读完了一册俄文教科书，其中有单词、语法和简单的会话，又念完果戈理的小说《鼻子》。我最初念《鼻子》的时候，俄文语法还没有学多少，只好硬着头皮翻字典。往往是一个字的前一半字典上能查到，后一半则不知所云，因为后一半是表变位或变格变化的。而这些东西，我完全不清楚，往往一个上午只能查上两行，其痛苦可知。但是不知怎么一来，好像做梦一般，在一个学期内，我毕竟把《鼻子》全念完了。下学期念契诃夫的剧本《万尼亚舅舅》的时候，我觉得轻松多了。

南斯拉夫语由主任教授 Prof. Braun 亲自讲授。他只让我看了一本简单的语法，立即进入阅读原文的阶段。有了学习俄文的经验，我拼命翻字典。南斯拉夫语同俄文很相近，只在发音方面有自己的特点，有升调和降调之别。在欧洲语言中，这是很特殊的。我之所以学南斯拉夫语，完全是为了应付考试。我的兴趣并不大，可以说也没有学好。大概念了两个学期，就算结束了。

谈到梵文，这是我的主系，必须全力以赴。我上面已经说过，Waldschmidt 教授的教学方法也同样是德国式的。我们选用了 Stenzler 的教科书。我个人认为，这是一本非常优秀的教科书。篇幅并不多，但是应有尽有。梵文语法以艰深复杂著称，有一些语法规则简直烦琐古怪到令人吃惊的地步。这些东西当然不是哪一个人硬制定出来的，而是历史发展自然形成的，利用比较语言学的方法都能解释得通。Stenzler 在薄薄的一本语法书中竟能把这些古怪的语法规则的主要组成部分收容进来，是一件十分不容易做好的工作。这一本书前一部分是语法，后一部分是练习。练习上面都注明了相应的语法章节。做练习时，先要自己读那些语法，教授并不讲解，一上课就翻译那些练习。第二学期开始念《摩诃婆罗多》中的《那罗传》。听说，欧美许多大学都是用这种方式。到了高年级，梵文课就改称 Seminar，由教授选一部原著，学生课下准备，上堂就翻译。新疆出土的古代佛典残卷，也是在 Seminar 中读的。这种 Seminar 制看似平淡无奇，实际上是训练学生做研究工作的一个最好的方式。比如，读古代佛典残卷时就学习了怎样来处理那些断简残篇，怎样整理，怎样阐释，连使用的符号都能学到。

至于巴利文，虽然是一门独立的课程，但教授根本不讲，连最基本的语法也不讲。他只选一部巴利文的佛经，比如《法句经》之类，一上堂就念原书，其余的语法问题，梵巴音变规律，词汇问题，都由学生自己去解决。

念到第三年上，我已经拿到了博士论文的题目，此时第二次世界大战已经正式爆发。我的教授被征从军。他的前任 Prof. E. Sieg 老教授又出来承担授课的任务。当时他已经有七八十岁了，但身体还很硬朗，人也非常可蔼可亲，简直像一个老祖父。他对上课似乎非常感兴趣。一上堂，他就告诉我，他平生研究三种东西：《梨俱吠陀》、古代梵文语法和吐火罗文，他都要教会我。他似乎认为我一定同意，连征求意见的口气都没有，就这样定下来了。

我想在这里顺便谈一点感想。在那极"左"思潮横行的年代里，把世间极其复杂的事物都简单化为一个公式：在资产阶级国家里学习过的人或者没有学习过的人，都成了资产阶级。至于那些国家的教授更不用说了。他们教什么东西，宣传什么东西，必定有政治目的，具体地讲，就是侵略和扩张。他们绝不会怀有什么好意的。Sieg教我这些东西也必然是为他们的政治服务的，为侵略和扩张服务的。帝国主义的侵略扩张政策，谁也否认不掉。但是不是他们的学者都在任何时间任何地方都为这个政策服务呢？我以为不是这样。像Sieg这样的老人，不顾自己年老体衰，一定要把他的"绝招"教给一个异域的青年，究竟为了什么？我当时学习任务已经够重，我只想消化已学过的东西，并不想再学习多少新东西。然而，看了老人那样诚恳的态度，我屈服了。他教我什么，我就学什么。而且是全心全意地学。他是吐火罗文世界权威，经常接到外国学者求教的信，比如美国的Lane等等。我发现，他总是热诚地罄其所知去回答，没有想保留什么。和我同时学吐火罗文的就有一个比利时教授W.Couvreur。根据我的观察，Sieg先生认为学术是人类的公器，多撒一颗种子，这一门学科就多得一点好处。侵略扩张同他是不沾边的。他对我这个异邦的青年奖掖扶植不遗余力。我的博士论文和口试的分数比较高，他就到处为我张扬，有时甚至说一些夸大的话。在这一方面，他给了我极大的影响。今天我也成了老人，我总是想方设法，为年轻的学者鸣锣开道。我觉得，只要我能做到这一点，我就算是对得起 Sieg 先生了。

我跟 Sieg 先生学习的那几年，是我一生挨饿最厉害、躲避空袭最多、生活最艰苦的几年。但是现在回忆起来却是最甜蜜的几年。甜蜜在何处呢？就是能跟 Sieg 先生在一起。到了冬天，大雪载途，黄昏早至。下课以后，我每每扶 Sieg 先生踏雪长街，送他回家。此时山林皆白，雪光微明，十里长街，寂寞无人。心中又凄清，又温暖。此情此景，终生难忘。

1946 年我回国以后，当了外语教员。从表面上来看，我自己的外语学习任务已经完成了。但是实际上，并不是这个样子。对于语言，包括外国语言和自己的母语在内，学习任务是永远也完成不了的。真正的有识之士都会知道，对于一种语言的掌握，从来也不会达到绝对好的程度，水平都是相对的。据说莎士比亚作品里就有不少的语法错误，我们中国过去的文学家、哲学家、史学家、诗人、词客等等，又有哪一个没有病句呢？现代、当代的著名文人又有哪一个写的文章能经得起语法、词汇方面的过细的推敲呢？因此，谁要是自吹自擂，说对语言文字的掌握已达到炉火纯青的程度，这个人不是一个疯子，就是一个骗子。我讲的全是实话，并不是危言耸听。从这个意义上来讲，我学习外语的任务并没有完成。在教学之余,我仍然阅读一些外文的书籍,翻译一些外国的文学作品,还经常碰到一些不懂的或者似懂而实不懂的地方,需要翻阅字典或向别人请教。今天还有一些人,自视甚高,毫无自知之明,强不知以为知,什么东西都敢翻译,什么问题都不在话下,结果胡译乱写,贻害无穷,而自己则沾沾自喜,真不知天下还有羞耻事!

"你学了一辈子外语,有什么经验和教训呢?"我仿佛听到有人这样问。经验和教训,都是有的,而且还不少。

我自己常常想到,学习外语,在漫长的学习过程中,到了一定的时期,一定的程度,眼前就有一条界线,一个关口,一条鸿沟,一个龙门。究竟是哪一个时期,这就因语言而异,因人而异。语言的难易不同,而且差别很大;个人的勤惰不同,差别也很大。这两个条件决定了这一个龙门的远近,有的三四年,有的五六年。一般人学习外语,走到这个龙门前面,并不难,只要跑上几年,总能走到。可是要跳过这龙门,就绝非易事。跳不跳过有什么差别呢?差别有如天渊。跳不过,你对这种语言就算是没有登堂入室。只要你稍一放松,就会前功尽弃,把以前学的全忘掉。你勉强使用这种语言,这个工具你也掌握不了,必然会出许多笑话,贻笑大方。总之你这一条鲤鱼终归还是一条鲤鱼,说不定还会退化,你决变不成龙。跳过了龙门呢?则你已经不再是一条鲤鱼,而是一条龙。可是要跳过这个龙门又非常难,并不比鲤鱼跳龙门容易,必须付出极大的劳动,表现出极大的毅力,坚韧不拔,锲而不舍,才有跳过的希望。做任何事情都有类似的情况。书法、绘画、篆刻、围棋、象棋、打排球、踢足球、体操、跳水等等，无不如此。这一点必须认清。跳过了龙门，你对你的这一行就有了把握，有了根底。专就外语来说，到了此时，就不大容易忘记，这一门外语会成为你得心应手的工具。当然，既使达到这个程度，仍然要继续努力，决不能掉以轻心。

学习外语，像学其他东西一样，必须注重方法。我们过去尝试过许多教学外语的方法，都取得过一定的成绩。这一点必须承认。但是我们决不能迷信方法，认为方法万能。我认为，最可靠的不是方法，而是个人的勤学苦练，发挥主观能动性。这个道理异常清楚。各行各业，莫不如此。过去有人讲笑话，说除臭虫最好的办法不是这药那药，而是"勤捉"。这其中有朴素的真理。

我学习外国语言，已经有六十多年的历史了。如今我已经到了垂暮之年。回顾这六十多年的历史，心里真是感慨万端。我学了不少的外国语言，但是现在应用起来自己比较有把握的却不太多。我上面讲到跳龙门的问题。好多语言，我大概都没有跳过龙门。连那几种比较有把握的，跳到什么程度，自己心中也没有底。想要对今天学外语的年轻人讲几句经验之谈，想来想去，也只有勤学苦练一句，这真是未免太寒碜了。然而事实就是这个样子。这真叫作没有办法。学什么东西都要勤学苦练。这个真理平凡到同说每个人只要活着就必须吃饭一样。你不说，人家也会知道。然而它毕竟还是真理。你能说每个人必须吃饭不是真理吗？问题是如何贯彻这个真理。我只希望有志于掌握外语的年轻人说到做到。每个人到了一定的阶段，都能跳过龙门去。我们祖国今天的建设事业要求尽量多的外语人才，而且要求水平尽量高的。希望我们大家共同努力，达到这个神圣的目的。

1986 年 9 月 12 日

外语教育

编写东方语言教材的经验与教训

回顾三十多年来编写东方语言教材的过程,我总的感觉是教训多于经验。教训看起来似乎是消极的东西,但是只要敢于正视,实事求是地加以总结,它也就能变成积极的经验。如果不敢正视,怕揭疮疤,则消极的东西会变为更消极。之所以产生了这样多消极的东西,我个人认为,主要原因是受了僵化的教条主义和极左思想的影响,片面地理解政治标准第一这个口号,同时又见异思迁,教学计划和教学方法轻率地频繁变动,结果是学校、系、教研室各级领导以及全体教员经常忙于编写教材,但是,到头来,没有留下多少能够使用的教材。

基础外语课的目的是培养学生掌握外语的基本能力,这应该说是最普通的常识。然而在过去很长的时间内,混淆了外语课与政治课的界限,把外语课当成了政治课,片面地强调政治标准。教外语课要不要有政治标准,当然要有,这是不容怀疑的。但是,这里有一个主次之分、先后之分。学外语,首先要掌握它的基本语法、基本词汇,要练好发音,这在很大程度上是一种技巧训练。政治标准在这里仅仅是次要的。如果喧宾夺主,把政治标准放在绝对统治的地位上,有时候就难免要牺牲外语技巧方面的训练。为了硬灌入政治内容，学一些汉语式的外语，结果是外语没有学好，政治内容也决起不到期望的那种作用，可以说是两败俱伤，这是我们惨痛的教训。

就拿北京大学东方语言文学系来说，在过去三十多年内，我们编写了不少的教材，想努力做到政治标准第一，可是这个政治标准实在很难掌握。其中有比较固定的东西，比如，拥护共产党，为共产主义而奋斗，克服个人主义，批判资产阶级，等等。这些都是正确的。但是，频繁的政治运动，此起彼伏，从无宁日。每次运动一起，口号多少有所不同，我们的教材必须努力配合。编教材是一个细致的、科学性很强的工作，不能像用高压锅煮饭那样，要求立刻就熟，结果是我们的教员天天在忙着编教材，选教材，还是跟不上形势。有一度甚至打破中外教外语的常规，不让学生先学会字母，而是以"毛主席万岁"这样的句子开始。据说，这句话有神奇的力量，学生一念，忠心顿生，灵感立至，不费吹灰之力，外语即可学好，比道士的符箓威力大多了。可是事实怎样呢？事实是，我们忙忙碌碌，开电灯以继晷，恒兀兀以穷年，教材随编随丢，完整地留下来的非常少。有时候还不得不临时抱佛脚，发油印教材，学生称之为"传单式的教材"。

下面分别谈几个具体问题。

一、选材问题

专就东语系来说，所修语言的国家几乎都是资本主义国家。这些国家的作家，除了少数共产党员外，都是资产阶级分子。选他们的作品真是难上加难。他们的世界观当然是资产阶级的，而这样的世界观同我们的是根本对立的。即使是那里的共产党员，看法也不一定同我们长期流行的僵化的教条主义完全一致。可是又不能不选他们的文章，因为这些文章语言地道，比我们自己写的要好。在这样的情况下，编选教材的人真是困难重重，山重水复，没有出路。

　　我们还碰到一个现在看来是笑话的问题。我们不敢选活人的作品，不管他现在是多么进步，多么合我们的口味。因为一个人的政治态度难免改变，他今天进步，你能保他明天进步吗？他明天一"反动"，或者仅仅说上几句对新中国批评的话，他就会立刻被打入另册。如果我们教科书中选了他的作品，这作品必须删除，决不能让它再留下"放毒"。印好的教材也不许再发。因此，我们就得到了一条经验：活人的作品一概不选。实际上，死人也并不能保险。在历史上盖棺也不能论定的人还少吗？可是，我们再也顾不了这样多，反正只要你还活着，你的作品我就是不选，想要进入中国教材，必须先去见上帝。

　　笑话还没有到此为止。忘记了是在哪一年，阿拉伯文专业的教师选了一篇一个阿拉伯国家著名作家写的描绘介于美国和加拿大之间的世界闻名的尼亚加拉大瀑布的文章，语言生动流畅，描绘色彩绚丽，的确是一片好文章，里面一点也没有涉及政治内容，学生读了，不但能学到地地道道的阿拉伯语，而且还能通过对自然风光的欣赏提高自己爱美的情趣。然而，还是出了问题。有人提出异议：把一个处在资本主义国家的自然风光描绘得这样美丽动人，不是为资本主义涂脂抹粉吗？于是掀起了一场轩然大波。我这个系主任也不能不出面干预，特别请人把此文译成汉文，供大家讨论，供领导参考。试问：资本主义国家的自然风光为什么就不许美呢？难道只有无产阶级国家的山山水水才能美吗？资本主义国家的美丽山水能把我们的青年学生拉回到资本主义去吗？这些问题都是不难回答的。可是在当年，也包括我自己在内，竟都严肃认真地讨论起来了。我们常说欧洲中世纪的神学讨论一个针尖上能站几个天使非常可笑。我们讨论这样的问题同欧洲中世纪又有多大差别呢？

二、谈一下教学计划问题

要不要有一个教学计划？回答当然是肯定的。关键是要一个什么样的计划，是要一个比较稳定的计划呢，还是要一个随时变动的计划？教学计划的变动是难以避免的，但不能年年变动，或者一两年就变动一次。我们东语系（北大别的系恐怕也一样）的教学计划恰恰是变动非常频繁的。我领导东语系的行政工作前后将近三十年。现在回忆起来，好像时时都在制订教学计划中。我没有做系统的统计，但是有一点是肯定的：没有哪一个计划执行过一个全过程，四年或五年。计划屡次改变的原因，我现在也记不那么详细了。改变的动力都是从上面来的，学校不过是执行教育部的命令，而我们又执行学校的命令而已。每一次改变教学计划，都有一套大道理。我们首先要学习领会，等到我们能"掌握精神"了，然后再往下贯彻。于是系和教研室还有全体教员都忙得团团转，不知道要开多少会，花多大力量，最后一个新的教学计划制订好了，还没有实行多久，上面又来了新精神，我们又要从头开始团团转了。

教学计划的不稳定迫使教材也不能稳定。

三、关于教学方法问题

外国语言的教学方法，同别的学科的教学方法一样，包含着传统与革新两部分。随时都有可能变动，是不可避免的。但是，我们的教学方法却变动得太频繁了，变动的幅度也太大。

在"一边倒"时期，我们的外语教学，包括教学法在内，也是一边倒，我们迷信苏联。不管苏联的什么东西，我们都认为是"社会主义的"。资本主义国家的外语教学法，我们自己在长时期内经过考验行之有效的教学法，一律贬之为资产阶级的。铜山西崩，洛钟东应。只要苏联有什么新玩意儿，我们立刻就响应。最明显的例子是拉赫曼诺夫教学法。我们闻到一点气味儿，就立刻领会、学习、实践，全系搞得热火朝天。过了没有多久，又来了什么直接教学法，于是我们又领会、学习、实践，甚至派人走遍全国去学习、取经。过了没多久，又给分析词汇所代替。

总之，在教学方法方面，同教学计划一样，总是稳定不下来。当然教材也不会稳定。

四、谈一谈选材问题

在所谓"文化大革命"以前，大家都感到教材有稳定的必要。于是中央决定成立一个以周扬同志为首的大学文科教材编写组。我担任了外语一组的组长。在当时政治标准第一的口号下,选材非常困难。周扬同志把材料分为三类:有益的、无害的、有害的。有害的不选,不在话下,有益的当然要选,也不在话下。但是,什么叫"有益"呢?在当时教条主义支配下,自我束缚,把"有益"的范围搞得非常狭窄,可以选的东西非常少。至于无害的则是大量的,比如描绘自然风光的文章,描写亲子之情、朋友之情的文章,描写所谓身边琐事的文章,等等。读了这些文章以后,确实无助于树立共产主义世界观,但又确实能提高人们的精神境界,增添生活情趣。在今天看起来,这也是"有益的"。然而,在当时,因为这些文章缺少政治说教,所以,是不容许的。在十年"文化大革命"期间,周扬同志被打成文艺黑线的头子,他的所作所为都是反动的,他领导的大学文科教材编写组当然也是反动的,为此他受到了批判。我自己在许多莫须有的罪名之外,又加上了一条:周扬的走卒。因此又多增加了几次批判。一直到"文化大革命"高潮已过,我仍是批判的靶子,陪"革命群众"到了延庆县的新华营,还被推上批斗台,听革命英雄们嚎叫。

写这篇文章的目的,主要是总结过去编写外语教材的经验。但是,我写的几乎全是反面的教训,并非我有意这样做,而是事实确实如此。如果我想说谎话,也能总结出甲乙丙丁几条所谓经验,但那有什么用处呢?我在一开始就说过:教训可以变为经验。我就是本着这个精神进行总结的。我们常说付学费,这就算是付学费吧!

根据上面提出的几点教训，我想对今后编写外语教材工作提出几点建议：

1. 外语教材一定要相对地稳定

不要再发传单式的教材，也不要每一个学校自搞一套，这样浪费精力和金钱。国家教委搞统编教材，各校可以根据自己的情况加以补充，教材印刷要精美。

2. 以地道外语为标准

不要选中国式的外语，选材也不要太偏重文学作品。语言随时都在变化，教材一定要反映这种变化。外语教材不能有"老三篇"。

3. 政治标准

当然要有，但不要作茧自缚，只要不违背四项基本原则就行。有益的和无害的都能选。外语教材不是政治教科书。

4. 教学计划和教学法要相对稳定

千万不要再朝令夕改。教学法可以求新，可以探索，但不能见异思迁。传统的教学法要有条件地继承。

中国道家主张"无为而治"。绝对"无为"是"治"不了的；但是"为"得太多，也同样不能"治"。这就是我的体会。

1988 年 9 月 20 日

祝贺《外国语》创刊十周年

我是《外国语》的忠实的读者。创刊十年以来,我几乎每一期都读过。我从里面学习了不少的东西,那是不在话下的。我个人感觉到,在中国的外语界,上外的《外国语》、北外的《外语教学与研究》和广外的《现代外语》,宛如三峰鼎峙,光彩辉映全国。现在,《外国语》十周岁了,我表示衷心的祝贺,祝它长寿。如果说还有什么遗憾的话,那就是,这三个刊物都应该扩大篇幅,增加分量。

我想借这个机会谈一谈外语教学总结经验的问题。新中国成立后进行外语教学工作,已经40年了。同新中国成立前对比一下,会产生什么结论呢?我们有什么样的经验和教训呢?一想到这一些,我头脑里就有矛盾。40年来,我们在教学计划、教材和教学法三个方面所做的努力,远非新中国成立前所能比。但是成绩怎样呢?我们培养了不少杰出的外语人才,这谁也否定不掉。但是,在新中国成立前,像北大、清华这样的大学,学生看英文原著,基本上是不成问题的。外语系的学生听外籍教师用英文授课,也可以说是不成问题的。然而现在怎样呢?每一个大学都建立了庞大的公共外语(主要是英语)教研室,投入了很大的力量,教学生英语,结果只能培养一些半生不熟的人才。这当然与中学教育有密切联系,不能光怪大学。

　　专就大学本身而论，我们外语界的同仁们都能回想起来，40年来，我们在教学计划、教材和教学法三个方面付出的劳动量之大，已经无法计算了。这三个方面几乎年年都在变。随时有新精神、新办法从天外飞来，旧的一套刚刚实行，新的一套又来敲我们的大门。而且，据说什么事情都要搞群众运动，这是真理。在这三个方面，我们年年都在搞群众运动。新精神一来，校(院)、系、教研室三级立刻行动起来，学习、体会、讨论，再学习、再体会、再讨论，焚膏油以继晷，恒兀兀以穷年，把个新精神、新办法体会得天花乱坠，人人兴奋，个个争先。然而，转瞬间，新的就为更新的所代替。我们又要重新学习、体会、讨论了。到了今天，我们有一些人已经垂垂老矣，然而，在教学计划、教材和教学法方面究竟留下了多少切实可行的东西呢？这不很值得我们三思吗？

　　在祝寿之际，本来不应该说这些有点泄气的话，然而如骨鲠在喉，一吐为快。我相信，只要认账，教训是可以成为经验的。

1988年9月24日

一个老留学生的话[1]

我是一个老留学生,在国外学习和工作了十年有余,后来我又到过全世界许多国家,对于留学生的情况,我应该说是了解的。但是,俗话说:"老年的皇历看不得了。"我回国至今已有半个世纪,可谓"老矣",我这一本皇历早已经看不得了。可为什么我现在竟斗胆来写这样一篇序呢?

原因当然是有的。虽然相距半个世纪,在这期间,沧海桑田,世界发生了天翻地覆的变化,留学生自不能例外。但是,既同称留学生,必然仍有其共同之处。我的一些看来似已过时的看法和经验,未必对今天的留学生没有用处。这有点像翻看旧书,偶尔会发现不知多少年前压在书中的一片红叶,岁月虽已流逝,叶片却仍红艳如新,它会勾起我和别人对一些往事栩栩如生的回忆。

我现在就把这些回忆从心中移到纸上来。

中国之有"留学热",不自今日始。30年代初起一直到后来很长的时间内,此"热"未消,而且逐年增温。当年的大学生,一谈到留学,喜者有之,悲者亦有之。虽同样炽热,而心态却又天地悬殊。

---

[1] 原标题为《神州学人丛书·序》。

父母有权、有势、有钱，出国门易如反掌，自然是心旷神怡，睥睨一切。无此条件者，唯有考取官费一途，而官费则名额只有几名，僧多粥少，向隅而叹者，比比皆是，他们哪能不悲呢？我曾亲眼看到，有的人望"洋"兴叹，羡慕得浑身发抖，遍体生热。

留学的动机何在呢？高者胸怀"科学救国"的大志，当时"科学"只能到外国去学。低者则一心只想"镀金"。在当时大学毕业生找"饭碗"十分困难的情况下，想出国镀一下金，用现在的话说，就是"包装"，以便回国后在抢饭碗的搏斗中靠自己身上的金色来震撼有权势、有用人权者的心，其用心良苦，实亦无可厚非，我们大可以不必察察为明，细细地去追究别人心中的"活思想"和"一闪念"，像"四人帮"那样。那一帮人是彻头彻尾的伪君子。

尽管当时留学生出国的目的各不相同，但是也有共同的地方。据我的观察，这个共同性是普遍的，几乎没有任何例外的。这就是：出国是为了回国，想待在或者赖在外国不回来的想法，我们连影儿都没有，甚至连"一闪念"中也没有闪过。

写到这里，我再也无法抑制住同今天的留学生比一比的念头。根据我所看到的或者听到的情况来看，今天的留学生，其数目大大地超过了50年前，其中决不缺少有"出国是为了回国"的仁人志士。但是大部分——大到什么程度，我没有做过统计，不敢乱说——却是"出国为了不回来"的。这种现象，自然会有其根源，而且根源还是明摆着的。无论什么根源也决不能为这个现象辩解。我虽年迈，但尚未昏聩。对于这个现象我真是大为吃惊，大为浩叹，不经意中竟成了九斤老太的信徒。

根据我多年的观察与思考，我觉得，世界上各国都有自己的知识分子。既然同为知识分子，必然有其共同点。这个共同点并不神秘，不用说人们也明白，这就是：他们都有知识。否则，没有知识，就不能成其为"知识分子"。但是，最重要的，还是他们都有不同之处。别的国家，我先不谈，只谈中国。同别的国家的知识分子比较起来，中国知识分子的特点是异常鲜明、异常突出的。也许有人会问：你不是正讲留学生吗？怎么忽然讲开了知识分子？原因十分清楚，因为留学生都是知识分子，是知识分子中一个独特的部分。所以讲留学生必须讲知识分子。

那么，中国知识分子的异常鲜明、异常突出之处究竟何在呢？归纳起来，我认为有两点：一是讲骨气，二是讲爱国。所谓"骨气"，就是我们常说的"有骨头""有硬骨头"等等。还有"不吃嗟来之食"也属于这一类。至于"宁死不屈""宁为玉碎，不为瓦全"等等一类的话，更是俯拾即是。《孟子·滕文公上》说："富贵不能淫，贫贱不能屈，威武不能移，此之谓大丈夫。"这说得多么具体，多么生动，掷地可作金石声。我们不但这样说，而且这样做。三国时祢衡击鼓骂曹，被曹操假黄祖之手砍掉了脑袋。近代章太炎胸佩大勋章，赤足站在新华门前，大骂住在里面的袁世凯，更是传为佳话，引起普遍的尊重。这种例子，中国历史上还多得很。

其他国家,不能说一点也不提倡骨气,但绝没有中国这样普遍,这样源远流长。

我觉得,我们中国人民,我们中国知识分子,我们中国留学生都必须有这样的骨气。

说到爱国,中国更为突出。在世界上众国之林中,没有哪一个国家宣传不爱国的。任何国家的人民都有权利和义务爱自己的国家。但是,我们必须对爱国主义加以分析。不能一见爱国主义,就认为是好东西。我个人认为,世界上有两种爱国主义,一真一假,一善一恶。被压迫、被侵略、被剥削国家和人民的爱国主义,是真爱国主义,是善的、正义的爱国主义。而压迫人、侵略人、剥削人的国家和人民的爱国主义,是邪恶的、非正义的假爱国主义,实际上应该称之为"害国主义"。这情况一想就能明白。德国法西斯和日本军国主义者狂喊"爱国主义",喊得震天价响。这样的国能爱吗?值得爱吗?谁爱这样的国,谁就沦为帮凶。而我们中国,以汉族为基础的中国,虽号称天朝大国,实则每一个朝代都有"边患",我们反而是被侵略、被屠杀者。这些少数民族,现在已融入中华民族这个大家庭中,但在历史上却确是敌人。我们不能把古代史现代化。因为中国人民始终处在被侵略、被屠杀的环境中,存在决定意识,我们就形成了连绵数千年根深蒂固的爱国主义。中国历史上有名的爱国者灿如列星,光被四表。汉朝的苏武,宋朝的岳飞、文天祥、辛弃疾、陆游等等,至今都是家喻户晓的人物,为中华民族增添了正气，为我们后代做出了榜样，永远照亮我们前进的道路。

我觉得，我们中国人民，我们中国知识分子，我们中国留学生都必须爱国。

说到这里，我不妨讲几个我们五六十年前老留学生的故事。在二战期间，我正在德国留学和工作。我们住在小城哥廷根的几个留学生，其中有原清华大学副校长、中国科学院院士张维教授等。我们常想，一个人在国内要讲人格，在国外，除了人格，还要讲国格。因为你在国外，在外国人眼中，你就是中国的代表。他们没有到过中国，你是什么样子，他们就认为中国是什么样子。你的一举一动，都不能掉以轻心。我们常讲，如果同德国学生有了冲突，他出言不逊，侮辱了我们自身，这样的情况还可以酌情原谅。如果他侮辱我们国家，我们必须跟他玩儿命。幸而，我们从来没有碰到这样的情况。我们十分感谢诚实可靠、待人以礼的伟大的德国人民。

1942年，国民党政府的使馆从柏林撤走，取而代之的是日军走狗汉奸汪精卫的使馆。这对我们来说是一个十分关键、意义异常重大的事情。我同张维等商议，决不能同汉奸使馆发生任何关系。我们毅然走到德国警察局，宣布我们无国籍。要知道，宣布无国籍是有极大的危险性的。一个无国籍的人，就等于天空中的一只飞鸟，任何人都可以捕杀它，受不到任何方面的保护。我们冒着风险这样做了。一个有良心的中国人也只能这样去做。然而我们内心中却是十分欣慰的，认为自己还不是孬种，还够算得上一个堂堂正正的中国人。我们没有失掉人格,也没有失掉国格。

我说这一番话,好像是"老王卖瓜,自卖自夸",意在吹擂自己。我全没有这样的想法。我比今天的留学生年龄要大上五六十岁。我不愿意专门说些好听的话,取悦于你们。如果我还有什么优点的话,那就是:我敢于讲点真话,肯讲点真话。我上面讲到的今天留学生的情况,也全是真话,没有半句谎言。

如果真是这样的话,我岂不是认为"今不如昔"了吗?岂不是认为"黄鼬降老鼠,一窝不如一窝"了吗?我决不这样相信。我上面虽然说道我成了九斤老太的信徒,其实并没有。我的信条一向是"长江后浪推前浪,世上新人换旧人"。我始终相信"雏凤清于老凤声"。我总认为人类总会越来越好的,而绝不是相反。今天留学生的情况只是暂时的现象。目前我们国家在生活福利方面还赶不上发达的国家,还有一些不尽如人意的地方。但这也只是暂时的现象。我们有朝一日总会好起来的。今天有些留学生不想回国,我不谴责他们,我相信他们仍然是爱国的。即使已经"归化"了其他国家的人,他们的腔子里仍然会有一颗中国的心。那种手执刀叉、口咽大菜、怀里揣满了美元而认为心满意足,认为是实现了人生的意义与价值的人,毕竟只能是极少数。

我倚老卖老,刺刺不休,在上面讲了这一些并不是每一个人都爱听的语。俗话说:"良药苦口利于病,忠言逆耳利于行。"

我相信，我的话不会没有用处的。话中如果有可取之处，则请大家取之。如果认为根本没有用，则请大家弃之如敝屣，我绝不会有任何怨言。

1995 年 11 月 5 日

学外语

(一)

现在全国正弥漫着学外语的风气,学习的主要是英语,而这个选择是完全正确的。因为英语实际上已经成了一种世界语。学会了英语,几乎可以走遍天下,碰不到语言不通的困难。水平差的,有时要辅之以一点手势。那也无伤大雅,语言的作用就在于沟通思想。在一般生活中,思想决不会太复杂的。懂一点外语,即使有点洋泾浜,也无大碍,只要"老内"和"老外"的思想能够沟通,也就行了。

学外语难不难呢?有什么捷径呢?俗话说:"天下无难事,只怕有心人。"所谓"有心人",我理解,就是有志向去学习又肯动脑筋的人。高卧不起,等天上落下馅儿饼来的人是绝对学不好外语的,别的东西也不会学好的。

至于"捷径"问题,我想先引欧洲古代大几何学家欧几里得(也许是另一个人,年老昏聩,没有把握)对国王说的话:"几何学里面没有御道!""御道",就是皇帝走的道路。学外语也没有捷径,人人平等,都要付出劳动。市场上卖的这种学习法、那种学习法,多不可信。什么方法也离不开个人的努力和勤奋。这些话都是老生常谈,但是,说一说绝不会有坏处。

根据我个人经验，学外语学到百分之五六十，甚至七八十，也并不十分难。但是，我们不学则已，要学就要学到百分之九十以上，越高越好。不到这个水平你的外语是没有用的，甚至会出娄子的。我这样说，同上面讲的并不矛盾。上面讲的只是沟通简单的思想，这里讲的却是治学、译书、做重要口译工作。现在市面上出售为数不太少的译本，错误百出，译文离奇。这些都是一些急功近利、水平极低而又懒得连字典都不肯查的译者所为。说句不好听的话，这些都是假冒伪劣的产品，应该归入严打之列的。

我常有一个比喻：我们这些学习外语的人，好像是一群鲤鱼，在外语的龙门下洑游。有天资肯努力的鲤鱼，经过艰苦的努力，认真钻研，锲而不舍，一不耍花招，二不找捷径，有朝一日风雷动，一跳跳过了龙门，从此变成了一条外语的龙，他就成了外语的主人，外语就为他所用。如果不这样做的话，则在龙门下游来游去，不肯努力，不肯钻研，就是游上一百年，他仍然是一条鲤鱼。如果是一条安分守己的鲤鱼，则还不至于害人。如果不安分守己，则必然堕入假冒伪劣之列，害人又害己。

做人要老实，学外语也要老实。学外语没有什么万能的窍门。俗语说："书山有路勤为径，学海无涯苦作舟。"这就是窍门。

（二）

前不久，我写过一篇《学外语》，限于篇幅，意犹未尽，现在再补充几点。

学外语与教外语有关,也就是与教学法有关,而据我所知,外语教学法国与国之间是不相同的,仅以中国与德国对比,其悬殊立见。中国是慢吞吞地循序渐进,学了好久,还不让学生自己动手查字典,读原著。而在德国,则正相反。据说19世纪一位大语言学家说过:"学外语有如学游泳,把学生带到游泳池旁,一一推下水去;只要淹不死,游泳就学会了,而淹死的事是绝无仅有的。"我学俄文时,教师只教我念了念字母,教了点名词变化和动词变化,立即让我们读果戈理的《鼻子》,天天拼命查字典,苦不堪言。然而学生的主动性完全调动起来了。一个学期,就念完了《鼻子》和一本教科书。实践是检验真理的唯一标准,德国的实践证明,这样做是有成效的。在那场空前的灾难中,当我被戴上种种莫须有的帽子时,有的"革命小将"批判我提倡的这种教学法是法西斯式的方法,使我欲哭无泪,欲笑不能。

我还想根据我的经验和观察在这里提个醒:那些已经跳过了外语龙门的学者们是否就可以一劳永逸地吃自己的老本呢?我认为,这吃老本的思想是非常危险的。一个简单的事实往往为人们所忽略,世界上万事万物无不在随时变化,语言何独不然!一个外语学者,即使已经十分纯熟地掌握了一门外语,倘若不随时追踪这一门外语的变化,有朝一日,他必然会发现自己已经落伍了,连自己的母语也不例外。一个人在外国待久了,一旦回到故乡,即使自己"乡音未改",然而故乡的语言,特别是词汇却有了变化,有时你会听不懂了。

我讲点个人的经验。当我在欧洲呆了将近十一年回国时,途经西贡和香港,从华侨和华人口中听到了"搞"这个字和"伤脑筋"这个词儿,就极使我"伤脑筋"。我去国之前没有听说过。"搞"字是一个极有用的字,有点像英文的 do。现在"搞"字已满天飞了。当我在 80 年代重访德国时,走进了饭馆,按照四五十年前的老习惯,呼服务员为 hever ofer,他瞠目以对。原来这种称呼早已被废掉了。

因此,我就想到,不管你今天外语多么好,不管你是一条多么精明的龙,你必须随时注意语言的变化,否则就会出笑话。中国古人说:"学如逆水行舟,不进则退。"要时刻记住这句话。我还想建议:今天在大学或中学教外语的老师,最好是每隔五年就出国进修半年,这样才不致为时代抛在后面。

(三)

前不久,我在《夜光杯》上发表了两篇谈学习外语的千字文,谈了点个人的体会,卑之无甚高论,不意竟得了一些反响。有的读者直接写信给我,有的写信给《夜光杯》的编辑。看来非再写一篇不行了。我不可能在一篇短文中答复所有的问题,我现在先对上海胡英琼同志提出的问题说一点个人的意见,这意见带有点普遍意义,所以仍占《夜光杯》的篇幅。

我在上述两篇千字文中提出的意见,归纳起来,不出以下诸端:

第一，要尽快接触原文，不要让语法缠住手脚，语法在接触原文过程中逐步深化；第二，天资与勤奋都需要，而后者占绝大的比重；第三，不要妄想捷径，外语中没有"御道"。

学习了英语再学第二外语德语，应该说是比较容易的。英语和德语同一语言系属，语法前者表面上简单，熟练掌握颇难；后者变化复杂，特别是名词的阴、阳、中三性，记得极为麻烦，连本国人都头痛。背单词时，要连同词性 der、die、das 一起背，不能像英文那样只背单词。发音则英文极难，英文字典必须使用国际音标。德文则一字一音，用不着国际音标。

学习方法仍然是我讲的那一套：尽快接触原文，不惮勤查字典，懒人是学不好任何外语的，连本国语也不会学好。胡英琼同志的具体情况和具体要求，我完全不清楚。信中只谈到德文科技资料，大概胡同志目前是想集中精力攻克这个难关。

我想斗胆提出一个"无师自通"的办法，供胡同志和其他读者参考。你只需要找一位通德语的人，用上两三个小时，把字母读音学好。从此你就可以丢掉老师这个拐棍，自己行走了。你找一本有可靠的汉文译文的德文科技图书，伴之以一本浅易的德文语法。先把语法了解个大概的情况，不必太深入，就立即读德文原文，字典反正不能离手，语法也放在手边。一开始必然如堕入五里雾中。读不懂，再读，也许不止一遍两遍。等到你认为对原文已经有了一个大概的了解，为了验证自己了解的正确程度，只有到了此时，才把那一本可靠的译本拿过来，看看自己了解得究竟如何。就这样一页页读下去，一本原文读完了，再加以努力，你慢慢就能够读没有汉译本的德文原文了。

科技名词，英、德颇有相似之处，记起来并不难，而且一般说来，科技书的语法都极严格而规范，不像文学作品那样不可捉摸。我为什么再三说"可靠的"译本呢？原因极简单，现在不可靠的译本太多太多了。

1997 年 3 月 27 日

漫谈出国

当前,在青年中,特别是大学生中,一片出国热颇为流行。已经考过托福或 GRE 的人比比皆是,准备考试者人数更多。在他们心目中,外国,特别是太平洋对岸的那个大国,简直像佛经中描绘的宝渚一样,到处是黄金珠宝,有四时不谢之花、八节长春之草,宛如人间仙境、地上乐园。

遥想六七十年前,当我们这一辈人还在念大学的时候,也流行着一股强烈的出国热。那时出国的道路还不像现在这样宽阔,可能性很小,竞争性极强,这反而更增强了出国热的热度。古人说:"凡所难求皆绝好,及能如愿便平常。""难求"是事实,"如愿"则渺茫。如果我们能有"前知五百年,后知五百年"的神通,我们当时真会十分羡慕今天的青年了。

但是,倘若谈到出国的动机,则当时和现在有如天渊之别。我们出国的动机,说得冠冕堂皇一点就是想科学救国,说得坦白直率一点则是出国"镀金",回国后抢得一只好饭碗而已。我们绝没有幻想使居留证变成绿色,久留不归,异化为外国人。我这话毫无贬义。一个人的国籍并不是不能改变的。说句不好听的话,国籍等于公园的门票,人们在里面玩够了,可以随时走出来的。

但是，请读者注意，我这样说，只有在世界各国的贫富方面都完全等同的情况下，才能体现其真实意义，直白地说就是，人们不是为了寻求更多的福利才改变国籍的。

可是眼前的情况怎样呢？眼前是全世界国家贫富悬殊有如天壤，一个穷国的人民追求到一个富国去落户，难免有追求福利之嫌。到了那里确实比在家里多享些福，但是也难免被人看作第几流公民，嗟来之食的味道有时会极丑恶的。

但是，我不但不反对出国，而是极端赞成。出国看一看，能扩大人们的视野，大有利于自己的学习和工作。可是我坚决反对像俗话所说的那样："牛肉包子打狗，一去不回头。"我一向主张，作为一个人，必须有点骨气。作为一个穷国的人，骨气就表现在要把自己的国家弄好，别人能富，我们为什么就不能呢？如果连点硬骨头都没有，这样的人生岂不大可哀哉！

专就中国而论，我并不悲观。中国人民的爱国主义是根深蒂固的，这都是几千年来的历史环境造成的，不是天上掉下来的。现在中国人出国的极多，即使有的已经取得外国国籍，我相信，他们仍然有一颗中国心。

1998 年 11 月 12 日

公德教育

中华民族是伟大的民族，这一点，全世界谁也不敢否认。可是，到了今天，由于种种原因，一部分人竟然沦落到不知什么是公德，实在是给我们脸上抹黑。现在许多有识之士高呼提高人民素质，其中当然也包括道德素质。这实在是当务之急。

容　忍

人处在家庭和社会中，有时候恐怕需要讲点容忍的。

唐朝有一个姓张的大官，家庭和睦，美名远扬，一直传到了皇帝的耳中。皇帝赞美他治家有道，问他道在何处，他一气写了一百个"忍"字。这说得非常清楚：家庭中要互相容忍，才能和睦。这个故事非常有名。在旧社会，新年贴春联，只要门楣上写着"百忍家声"就知道这一家一定姓张。中国姓张的全以祖先的容忍为荣了。

但是容忍也并不容易。1935年，我乘西伯利亚铁路的车经前苏联赴德国，车过中苏边界上的满洲里，停车四小时，由苏联海关检查行李。这是无可厚非的，入国必须检查，这是世界公例。但是，当时的苏联大概认为，我们这一帮人，从一个资本主义国家到另一个资本主义国家，恐怕没有好人，必须严查，以防万一。检查其他行李，我决无意见。但是，在哈尔滨买的一把最粗糙的铁皮壶，却成了被检查的首要对象。这里敲敲，那里敲敲，薄薄的一层铁皮决藏不下一颗炸弹的，然而他却敲打不止。我真有点无法容忍，想要发火。我身旁有一位年老的老外，是与我们同车的，看到我的神态，在我耳旁悄悄地说了句：Patience is the great virtue（容忍是很大的美德）。我对他微笑，表示致谢。我立即心平气和，天下太平。

看来容忍确是一件好事，甚至是一种美德。但是，我认为，也必须有一个界限。我们到了德国以后，就碰到这个问题。旧时欧洲流行决斗之风，谁污辱了谁，特别是谁的女情人，被污辱者一定要提出决斗，或用手枪，或用剑。普希金就是在决斗中被枪打死的。我们到了的时候，此风已息，但仍发生。我们几个中国留学生相约：如果外国人污辱了我们自身，我们要揣度形势，主要要容忍，以东方的恕道克制自己。但是，如果他们污辱我们的国家，则无论如何也要同他们玩命，决不容忍。这就是我们容忍的界限。幸亏这样的事情没有发生，否则我就活不到今天在这里舞文弄墨了。

　　现在我们中国人的容忍水平，看了真让人气短。在公共汽车上，挤挤碰碰是常见的现象。如果碰了或者踩了别人，连忙说一声"对不起"就能够化干戈为玉帛，然而有不少人连"对不起"都不会说了。于是就相吵相骂，甚至于扭打，甚至打得头破血流。我们这个伟大的民族怎么竟变成了这个样子！我在自己心中暗暗祝愿：容忍兮，归来！

1996 年 12 月 17 日

关于人的素质的几点思考

一、我们当前所面临的形势

谈问题必须从实际出发,这几乎成了一个常识。谈人的素质又何能例外?

在这方面,我们,包括大陆和台湾,甚至全世界,我们所面临的形势怎样呢?我觉得,法国人文社会学院的"通告"中说得简洁而又中肯:

> 识者每以今日的社会潜伏下列诸问题为忧:即功利气息弥漫,只知夺取而缺乏奉献和服务的精神;大家对社会关怀不够,环境日益恶化;一般人虽受相当教育,但缺乏判断是非善恶的能力;科技教育与人文教育未能整合,阻碍教育整体发展,亦且影响学生健全人格的养成。

这些话都切中时弊。

在这里,我想补充上几句。

我们眼前正处在 20 世纪的世纪末和千纪末中。"世纪"和"千纪"都是人为地创造出来的,但是,一旦创造出来,它似乎就对人类活动产生了影响。19世纪的世纪末可以为鉴，当前的这一个世纪末，也不例外。在政治、经济等方面所发生的巨大变化，有目共睹。我特别想指出环境保护等方面的令人触目惊心的情况。这些都与西方科学技术的发展密切相连。

西方自产业革命以后，科技飞速发展。生产力解放之后，远迈前古，结果给全体人类带来了极大的意想不到的福利。这一点是无论如何也否认不掉的。但是同时也带来了同样是想不到的弊端或者危害，比如空气污染、海河污染、生态平衡破坏、一些动植物灭种、环境污染、臭氧层出洞、人口爆炸、淡水资源匮乏、新疾病产生，如此等等，不一而足。这些灾害中任何一项如果避免不了，祛除不掉，则人类生存前途就会受到威胁。所以，现在全世界有识之士以及一些政府，都大声疾呼，注意环保工作。这实在值得我们钦佩。

英国浪漫主义诗人雪莱（Shelley）以诗人的惊人的敏感，在19世纪初叶，正当西方工业发展如火如荼地上升的时候，在他所著的于1821年出版的《诗辨》中，就预见到它能产生的恶果。他不幸而言中，他还为这种恶果开出了解救的药方：诗与想象力，再加上一个爱。这也实在值得我们佩服。

眼前的这一个世纪末，实在是人类历史上一个空前的大动荡大转轨的时代。在这样的时机中，我们平常所说的"代沟"空前地既深且广。老少两代人之间的隔阂十分严峻。有人把现在年轻的一代人称为"新人类"，据说日本也有这个词儿，这个词儿意味深长。

二、人的天性或本能

我们就处在这样的环境条件下来探讨人的天性的一些想法。

两千多年以来,中国哲学史上始终有一个争论不休的问题:性善与性恶。孟子主性善,荀子主性恶,这是众所周知的事实。两说各有拥护者和反对者,中立派就主张性无善无恶说。我个人的看法接近此说,但又不完全相同。如果让我摆脱骑墙派的立场,说出真心话的话,我赞成性恶说,然则根据何在呢?

由于行当不对头——我重点搞的是古代佛教历史、中亚古代语文、佛教史、中印和中外文化交流史等——我对生理学和心理学所知甚微。根据我多年的观察与思考,我觉得,造物主或天或大自然,一方面赋予人和一切生物(动植物都在内)以极强烈的生存欲,另一方面又赋予它们极强烈的发展扩张欲。一棵小草能在砖石重压之下,以惊人的毅力,钻出头来,真令我惊叹不止。一尾鱼能产上百上千的卵,如果每一个卵都能长成鱼,则湖海有朝一日会被鱼填满。植物无灵,但有能,它想尽办法,让自己的种子传播出去。类似的例子,举不胜举。但是,与此同时,造物主又制造某些动植物的天敌,大鱼吃小鱼,小鱼吃虾米,猫吃老鼠,等等,等等。总之,一方面让你生存发展,一方面又遏止你生存发展,以此来保持物种平衡,人和动植物的平衡。这是造物主给生物开玩笑。老子说:"天地不仁,以万物为刍狗。"意思与此差为相近。如此说来,荀子的性恶说能说没有根据吗?荀子说:"人之性恶,其善者伪也。""伪"字在这里有"人为"的意思，不全是"假"。总之，这说法比孟子性善说更能说得过去。

三、道德问题

写到这里，我认为可以谈道德问题了。道德讲善恶，讲好坏，讲是非，等等。那么，什么是善，是好，是坏呢？根据我上面的说法，我们可以说：自己生存，也让别的人或动植物生存，这就是善。只考虑自己生存，不考虑别人生存，这就是恶。《三国演义》中说曹操有言："宁教我负天下人，不教天下人负我。"这是典型的恶。要一个人不为自己的生存考虑，是不可能的，是违反人性的。只要能做到既考虑自己也考虑别人，这一个人就算及格了，考虑别人的百分比愈高，则这个人的道德水平也就愈高。百分之百考虑别人，所谓"毫不利己，专门利人"，是做不到的，那极少数为国家、为别人牺牲自己性命的，用一个哲学家的现成的话来说是出于"正义行动"。

只有人类这个"万物之灵"才能做到既为自己考虑，也能考虑到别人的利益。一切动植物是绝对做不到的，它们根本没有思维能力。它们没有自律，只有他律，而这他律就来自大自然或者造物主。人类能够自律，但也必须辅之以他律。康德所谓"消极义务"，多来自他律。他讲的"积极义务"，则多来自自律。他律的内容很多，比如社会舆论、道德教条等等都是，而最明显的则是公安局、检察机构、法院。

写到这里，我想把话题扯远一点，才能把我想说的问题说明白。

人生于世，必须处理好三个关系：一是人与大自然的关系，那也称之为"天人关系"；二是人与人的关系，也就是社会关系；三是人自己的关系，也就是个人思想感情矛盾与平衡的问题。这三个关系处理好，人就幸福愉快，否则就痛苦。

在处理第一个关系时，也就是天人关系时，东西方至少在指导思想方向上截然不同。西方主"征服自然"(to conquer the nature)，《天演论》的"物竞天择，适者生存"，即由此而出。但是天或大自然是能够报复的，能够惩罚的。你"征服"得过了头，它就报复。比如砍伐森林，砍光了森林，气候就受影响，洪水就泛滥。世界各地都有例可证。今年大陆的水灾，根本原因也在这里。这只是一个小例子，其余可依此类推。学术大师钱穆先生一生最后一篇文章《中国文化对人类未来可有的贡献》，讲的就是"天人合一"的问题，我冒昧地在钱老文章的基础上写了两篇补充的文章，我复印了几份，呈献给大家，以求得教正。

"天人合一"是中国哲学史上一个重要命题，解释纷纭，莫衷一是。钱老说："我曾说'天人合一'论，是中国文化对人类最大的贡献。"我的补充明确地说，"天人合一"就是人与大自然要合一，要和平共处，不要讲征服与被征服。西方近二百年以来，对大自然征服不已，西方人以"天之骄子"自居，骄横不可一世，结果就产生了我在上文第一章里补充的那一些弊端或灾害。钱宾四先生文章中讲的"天"似乎重点是"天命"，我的"新解"，"天"是指的大自然。这种人与大自然要和谐相处的思想,不仅仅是中国思想的特征,也是东方各国思想的特征。这是东西文化思想分道扬镳的地方。在中国,表现这种思想最明确的无过于宋代大儒张载,他在《西铭》中说:"民,吾同胞;物,吾与也。""物"指的是天地万物。佛教思想中也有"天人合一"的因素,韩国吴亨根教授曾明确地指出这一点来。佛教基本教规之一的"五戒"中就有戒杀生一条,同中国"物与"思想一脉相通。

四、修养与实践问题

我体会,圣严法师之所以不惜人力和物力召开这样一个规模宏大的会议,大陆暨香港地区以及台湾的许多著名的学者专家之所以不远千里来此集会,绝不会是让我们坐而论道的。道不能不论,不论则意见不一致,指导不明确,因此不论是不行的。但是,如果只限于论,则空谈无补于实际,没有多大意义。况且,圣严法师为法鼓人文社会学院明定宗旨是"提升人的品质,建设人间净土"。这次会议的宗旨恐怕也是如此。所以,我们在议论之际,也必须想出一些具体的办法。只有这样,会议才能算是成功的。

我在本文第一章中已经讲到过,我们中国和全世界所面临的形势是十分严峻的。钱穆先生也说:"近百年来,世界人类文化所宗,可说全在欧洲。最近 50 年,欧洲文化近于衰落,此下不能再为世界人类文化向往之宗主。所以可说,最近乃人类文化之衰落期。此下世界文化又将何所向往?这是今天我们人类最值得重视的现实问题。"可谓慨乎言之矣。

我就在面临这样严峻的情况下提出了修养和实践问题的,也可以称之为思想与行动的关系,二者并不完全一样。

所谓修养,主要是指思想问题、认识问题、自律问题,他律有时候也是难以避免的。在大陆上,帮助别人认识问题,叫作"做思想工作"。一个人遇到疑难,主要靠自己来解决,首先在思想上解决了,然后才能见诸行动,别人的点醒有时候也起作用。佛教禅宗主张"顿悟"。觉悟当然主要靠自己,但是别人的帮助有时也起作用。禅师的一声断喝,一记猛掌,一句狗屎橛,也能起振聋发聩的作用。宋代理学家有一个克制私欲的办法。清尹铭绶《学见举隅》中引朱子的话说:

> 前辈有欲澄治思虑者,于坐处置两器,每起一善念,则投白豆一粒于器中;每起一恶念,则投黑豆一粒于器中,初时黑豆多,白豆少,后来随不复有黑豆,最后则验白豆亦无之矣。然此只是个死法,若更加以读书穷理的工夫,那去那般不正作当底思虑,何难之有?

这个方法实际上是受了佛经的影响。《贤愚经》卷十三,(六七)优波提品第六十讲到一个"系念"的办法:

> 以白黑石子,用当等于筹算。善念下白,恶念下黑。优波提奉

受其教，善恶之念，辄投石子。初黑偶多，白者甚少。渐渐修习，白黑正等。系念不止。更无黑石，纯有白者。善念已盛，逮得初果。（《大正新修大藏经》，第四卷，页四四二下）

这与朱子说法几乎完全一样，区别只在豆与石耳。

这个做法究竟有多大用处？我们且不去谈。两个地方都讲善念、恶念。什么叫善？什么叫恶？中印两国的理解恐怕很不一样。中国的宋儒不外孔孟那些教导，印度则是佛教教义。我自己对善恶的看法，上面已经谈过。要系念，我认为，不外是放纵本性与遏制本性的斗争而已。为什么要遏制本性？目的是既让自己活，也让别人活。因为如果不这样做的话，则社会必然乱了套，就像现代大城市里必然有红绿灯一样，车往马来，必然要有法律和伦理教条。宇宙间，任何东西，包括人与动植物，都不允许有"绝对自由"。为了宇宙正常运转，为了人类社会正常活动，不得不尔也。对动植物来讲，它们不会思考，不能自律，只能他律。人为万物之灵，是能思考、能明辨是非的动物，能自律，但也必济之以他律。朱子说，这个系念的办法是个"死法"，光靠它是不行的，还必须读书穷理，才能去掉那些不正当的思虑。读书当然是有益的，但却不能只限于孔孟之书；穷理也是好的，但标准不能只限于孔孟之道。特别是在今天，在一个新世纪即将来临之际，眼光更要放远。

眼光怎样放远呢？首先要看到当前西方科技所造成的弊端，人类生存前途已处在危机中。世人昏昏，我必昭昭。我们必须力矫西方"征服自然"之弊，大力宣扬东方"天人合一"的思想，年轻人更应如此。

以上主要讲的是修养。光修养还是很不够的，还必须实践，也就是行动，最好能有一个信仰，宗教也好，什么主义也好，但必须虔诚、真挚。这里存不得半点虚假成分。我们不妨先从康德的"消极义务"做起：不污染环境，不污染空气，不污染河湖，不胡乱杀生，不破坏生态平衡，不砍伐森林。还有很多"不"。这些"消极义务"能产生积极影响。这样一来，个人的修养与实践，他人的教导与劝说，再加上公、检、法的制约，本文第一章所讲的那一些弊害庶几可以避免或减少，圣严法师所提出的希望庶几能够实现，我们同处于"人间净土"中。"挽狂澜于既倒"，事在人为。

1999 年 3 月 29 日

千禧感言

稚珊来信，要我写一篇关于世纪转换的文章。这样的要求，最近一个时期以来，我已经接到过不知多少次了，电台、报纸、杂志等等，都曾对我提出过这样的要求。但是，我都一一谢绝了。原因不是由于这样的文章难写，恰恰相反，这样的太容易写，只需写上几句大话和套话，再加上几句假话，不费吹灰之力，一篇文章就完成了。这样的义章，除了浪费纸张和人们的时间以外，一点效果也不会有。

但是，稚珊的要求我没加考虑就立即应允了。原因是，《群言》是一份比较敢讲一点真话的杂志，而我又与《群言》有多年的友谊。为《群言》写点什么，是我的光荣，也是我的义务。我也想通过我写的东西多少能够反映出像我这样平民老百姓的心声，对我们的领导机关会有益处的。我写的东西，不会有套话、大话，至于真话是否全都讲了出来，那倒不敢说。我只能保证，我讲的全是真话。

旧日每逢新年，总有贴新门联的习惯，门联辞藻美而丰富，最常用的是"一元复始，万象更新"。对仗工整，含义深刻。但是，汉语是一种模糊性很强的语言，我们使用这种语言的人，往往习以为常，不去推敲。即如上面这两句话，说的是具体情况呢，还仅仅是希望？我个人的语感是，这仅仅是希望。一元虽已复始，眼前万象还未必就能更新。我现在要说：世纪——甚至千纪——复始，万象更新，也绝不是说，2000年的第一天同1999年的最后一天，其间会有天大的变化。就以常识而论，那也是绝不可能的，这不过是表示我的愿望而已。21世纪的特点是一定出现的，不过绝不会一蹴而就。

我对21世纪究竟有什么希望呢？

先从大的讲起。

首先，我希望世界和平，民族团结。但是，我自己立即否定了这个希望，这是根本办不到的。眼前的世界大国，特别是那个唯一的超级大国，一点也没有接受20世纪两次世界大战的惨痛教训，仍然自我感觉良好，颐指气使，横行霸道，以世界警察自居。我希望，我们中国人民不要为花言巧语所迷惑，奋发图强，加强团结，随时保留一点忧患意识，准备对付一切可能发生的外来的侵略，保卫我们的祖国。

其次是对我们国家的希望。改革开放确实给我们国家带来了翻天覆地的变化，经济繁荣，政局安定，人民生活有了提高。总起来看，确有一个安定团结的局面。但这仅仅是一面，也不是没有令人担忧的一面。我不懂经济，但是我从《参考消息》上看到一则外国评论中国经济的报道，其中讲到中国国有经济在某一些方面给中国带来了一些麻烦，详情我不清楚，不敢妄加评论。但是，《参考消息》

敢于刊登，其中必有依据，我们的最高领导班子对这个问题是十分清楚的，也正在采取措施。我希望这个问题能够尽早地尽善尽美地得到解决。

从人类生存的前途来看，多少年来，我就提出了一个看法：西方自产业革命以后，恶性膨胀逐渐形成的对大自然诛求无厌的要求，也就是所谓"征服自然"的做法，现在已经产生了严重的后果。现在全世界各国政府都对环保问题异常重视。但是，却没有什么人追究造成这种现象的根源。我认为，这是一种缺少远见卓识的表现。我一向主张，中国的，同时也是东方的"天人合一"的思想，也就是人类要与大自然为友、不要为敌的思想，能济西方思想之穷。我这种想法，反对的人有，赞成的人也有，我则深信不疑。我希望，21世纪走到某一个阶段时，人类文化会在融合的基础上突出东方文化的作用，明辨而又笃行之。

还有一件让我忧心忡忡的事，这就是中国公民中某一些人素质不高、道德滑坡的现象。谁也无法否认，中华民族是一个伟大的民族。但是，在伟大的后面也确有不够伟大的地方，对此熟视无睹是有害无益的。例子用不着多举，我只举一个随地吐痰的坏习惯。这样做是一切文明国家所没有的。然而在中国却是司空见惯，屡禁不止。前不久，中国庆祝建国五十年的喜事，北京市政府和各界人士，费了九牛二虎之力，把北京打扮得花团锦簇，净无纤尘，谁看了谁爱。然而，国庆后不到一个月，许多地方又故态复萌，花坛和草地遭到破坏践踏，烟头随处乱丢，随地吐痰也不稀见。还有一些破坏公共设施的现象，连风光旖旎的燕园内也不例外。这种破坏对肇事者本人一点好处也没有，对群众则带来了莫大的不方便。我真不了解，这些人是何居心。这样的人，如果只有几个，则世界任何文明国家都难以避免。可惜竟不是这样子，看来人数并不太少。这一批害群之马，实在配不上是伟大民族的一部分。救之方法何在？我觉得，过去主要靠说教，事实证明，用处不大。我认为，必须加以严惩。捉到你一次，罚得你长久不能翻身。只有这样才能奏效，新加坡就是一个例子。在此万象更新之际，我希望在21世纪某一个时候，这种现象能够绝迹，至少是能够减少。伟大的中华民族真正能显出伟大的本色，岂不猗欤休哉！

我在20世纪，有"世纪老人"之称。到了21世纪，绝不可能再成为"世纪老人"了。但是，我对21世纪却不知道有多少希望。凡是20世纪没有能够做到的事情，我都寄希望于21世纪。希望太多，只能举出上面说到的几个，以概其余。在世纪之初，本来是应该多说一些吉利话的。但是，我在上面已经声明过，我不说大话，不说假话。我认为，那样做，既对不起《群言》，也对不起全国人民。其实我说的话，不管听起来多么不顺耳，里面却有大吉大利的内涵。如果把那些弊端除掉，不就是大吉大利了吗？我真希望，大吉大利能降临我国；我真希望，国泰民安；我真希望，人民的素质越来越提高；我真希望，人民越过越幸福；我真希望，我国能成为一个名副其实的经济文化大国，巍然立于全世界民族之林中。

1999 年 11 月 1 日

谈礼貌

眼下，即使不是百分之百的人，也是绝大多数的人，都抱怨现在社会上不讲礼貌。这是完全有事实做根据的。前许多年，当时我腿脚尚称灵便，出门乘公共汽车的时候多，几乎每一次我都看到在车上吵架的人，甚至动武的人，起因都是微不足道的：你碰了我一下，我踩了你的脚，如此等等。试想，在拥拥挤挤的公共汽车上，谁能不碰谁呢？这样的事情也值得大动干戈吗？

曾经有一段时间，有关的机关号召大家学习几句话——"谢谢！""对不起！"等等，就是针对上述的情况而发的。其用心良苦，然而我心里却觉得不是滋味。一个有五千年文明的堂堂大国竟要学习幼儿园孩子们学说的话，岂不大可哀哉！

有人把不讲礼貌的行为归咎于新人类或新新人类。我并无资格成为新人类的同党，我已经是属于博物馆的人物了。但是，我却要为他们打抱不平。在他们诞生以前，有人早著了先鞭。不过，话又要说回来，新人类或新新人类确实在不讲礼貌方面有所创造，有所前进，他们发扬光大了这种并不美妙的传统，他们（往往是一对男女）在光天化日之下，车水马龙之中，拥抱接吻，旁若无人，洋洋自得，连在这方面比较不拘细节的老外看了都目瞪口呆，惊诧不已。古人说："闺房之内，有甚于画眉者。"这是两口子的私事，谁也管不着。但这是在闺房之内的事，现在竟几乎要搬到大街上来，虽然还没有到"甚于画眉"的水平，可是已经很可观了。新人类还要新到什么程度呢？

如果一个人孤身住在深山老林中，你愿意怎样都行。可我们是处在社会中，这就要讲究点人际关系。人必自爱而后人爱之。没有礼貌是目中无人的一种表现，是自私自利的一种表现，如果这样的人多了，必然产生与社会不协调的后果。千万不要认为这是个人小事而掉以轻心。

现在国际交往日益频繁，不讲礼貌的恶习所产生的恶劣影响，已经不局限于国内，而是会流布全世界。前几年，我看到过一个什么电视片，是由一个意大利著名摄影家拍摄的，主题是介绍北京情况的。北京的名胜古迹当然都包罗无遗，但是，我的眼前忽然一亮：一个光着膀子的胖大汉子骑自行车双手撒把做打太极拳状，飞驰在天安门前宽广的大马路上。这给人的形象是野蛮无礼。这样的形象并不多见。然而却没有逃过一个老外的眼光。我相信，这个电视片是会在全世界都放映的。它在外国人心目中会产生什么影响，不是一清二楚了吗？

最后，我想当一个文抄公，抄一段香港《公正报》上的话："富者有礼高质，贫者有礼免辱，父子有礼慈孝，兄弟有礼和睦，夫妻有礼情长，朋友有礼义笃，社会有礼祥和。"

2001 年 1 月 29 日

知足知不足

曾见冰心老人为别人题座右铭:"知足知不足,有为有不为。"言简意赅,寻味无穷。特写短文两篇,稍加诠释。先讲知足知不足。

中国有一句老话:"知足常乐。"这为大家所遵奉。什么叫"知足"呢?还是先查一下字典吧。《现代汉语词典》说:"知足,满足于已经得到的(指生活、愿望等)。"如果每个人都能满足于已经得到的东西,则社会必能安定,天下必能太平,这个道理是显而易见的。可是社会上总会有一些人不安分守己,癞蛤蟆想吃天鹅肉。这样的人往往要栽大跟头的。对他们来说,"知足常乐"这句话就成了灵丹妙药。

但是,知足或者不知足也要分场合的。在旧社会,穷人吃草根树皮,阔人吃燕窝鱼翅。在这样的场合下,你劝穷人知足,能劝得动吗?正相反,应当鼓励他们不能知足,要起来斗争。这样的不知足是正当的,是有重大意义的,它能伸张社会正义,能推动人类社会前进。

除了场合以外,知足还有一个分的问题。什么叫分?笼统言之,就是适当的限度。人们常说的"安分""非分"等等,指的就是限度。这个限度也是极难掌握的,是因人而异、因地而异的。勉强找一个标准的话,那就是"约定俗成"。我想,冰心老人之所以写这一句话,其意不过是劝人少存非分之想而已。

至于知不足，在汉文中虽然字面上相同，其含义则有差别。这里所谓"不足"，指的是"不足之处"，"不够完美的地方"。这句话同"自知之明"有联系。

自古以来，中国就有一句老话："人贵有自知之明。"这一句话暗示给我们，有自知之明并不容易，否则这一句话就用不着说了。事实上也确实如此。就拿现在来说，我所见到的人，大都自我感觉良好。专以学界而论，有的人并没有读几本书，却不知天高地厚，以天才自居，靠自己一点小聪明——这能算得上聪明吗？——狂傲恣睢，骂尽天下一切文人，大有用一管毛锥横扫六合之概，令明眼人感到既可笑又可怜。这种人往往没有什么出息。因为，又有一句中国老话："学如逆水行舟，不进则退。"还有一句中国老话："学海无涯。"说的都是真理。但在这些人眼中，他们已经穷了学海之源，往前再没有路了，进步是没有必要的。他们除了自我欣赏之外，还能有什么出息呢？

古代希腊人也认为自知之明是可贵的，所以语重心长地说出了："要了解你自己！"中国同希腊相距万里，可竟说了几乎是一模一样的话，可见这些话是普遍的真理。中外几千年的思想史和科学史，也都证明了一个事实：只有知不足的人才能为人类文化做出贡献。

2001 年 2 月 21 日

有为有不为

"为",就是"做"。应该做的事,必须去做,这就是"有为"。不应该做的事必不能做,这就是"有不为"。

在这里,关键是"应该"二字。什么叫"应该"呢?这有点像仁义的"义"字。韩愈给"义"字下的定义是"行而宜之之谓义"。"义"就是"宜",而"宜"就是"合适",也就是"应该",但问题仍然没有解决。要想从哲学上,从伦理学上,说清楚这个问题,恐怕要写上一篇长篇论文,甚至一部大书。我没有这个能力,也认为根本无此必要。我觉得,只要诉诸一般人都能够有的良知良能,就能分辨清是非善恶了,就能知道什么事应该做,什么事不应该做了。

中国古人说:"勿以善小而不为,勿以恶小而为之。"可见善恶是有大小之别的,应该不应该也是有大小之别的,并不是都在一个水平上。什么叫大,什么叫小呢?这里也用不着烦琐的论证,只需动一动脑筋,睁开眼睛看一看社会,也就够了。

小恶、小善,在日常生活中随时可见,比如,在公共汽车上给老人和病人让座,能让,算是小善;不能让,也只能算是小恶,够不上大逆不道。然而,从那些一看到有老人或病人上车就立即装出闭目养神的样子的人身上，不也能由小见大看出了社会道德的水平吗？

至于大善大恶，目前社会中也可以看到，但在历史上却看得更清楚。比如宋代的文天祥，他为元军所虏，如果他想活下去，屈膝投敌就行了，不但能活，而且还能有大官做，最多是在身后被列入"贰臣传"，"身后是非谁管得"，管那么多干吗呀。然而他却高赋《正气歌》，从容就义，留下英名万古传，至今还在激励着我们全国人民的爱国热情。

通过上面举的一个小恶的例子和一个大善的例子，我们大概对大、小善和大、小恶能够得到一个笼统的概念了。凡是对国家有利，对人民有利，对人类发展前途有利的事情就是大善，反之就是大恶。凡是对处理人际关系有利，对保持社会安定团结有利的事情可以称之为小善，反之就是小恶。大小之间有时难以区别，这只不过是一个大体的轮廓而已。

大、小善和大、小恶有时候是有联系的。俗话说："千里之堤，溃于蚁穴。"拿眼前常常提到的贪污行为而论，往往是先贪污少量的财物，心里还有点打鼓。但是，一旦得逞，尝到甜头，又没被人发现，于是胆子越来越大，贪污的数量也越来越多，终至于一发而不可收拾，最后受到法律的制裁，悔之晚矣。也有个别识时务者，迷途知返，就是所谓浪子回头者，然而难矣哉！

我的希望很简单，我希望每个人都能有为有不为。一旦"为"错了，就毅然回头。

2001 年 2 月 23 日

公民道德建设与家庭教育

最近党中央向全国人民发布了公民道德建设规范。此事实与人民素质的提高以及文化教育的普及有密切关联,可谓顺乎天时、应乎人心的重大措施,因此得到了广大人民群众的热烈拥护,各报低杂志论之者众矣,这是一个十分可喜的现象。

我个人认为,道德行为有大有小。大者牵涉到齐家、治国、平天下,牵涉到我们民族发展的前途。小者则显得像芝麻绿豆般的一些细小事情。大者我们必须做到,小者也决不能以其小而不为。

空口无凭,我举两个具体的事例。我所居楼前有一个大池塘,一半种植荷花,另一半则水光接天,没有任何植物。学校在塘边安装了一些椅子,供居民或外来游人休息之用。初搬来时的30年中,我因忙于行政工作,常骑自行车,来去匆匆,从来没有在椅子上坐过,不知道椅子和椅子四周的情况如何。近若干年来,在早晨读书写作疲倦之后,小蔡、杨锐和玉洁常扶我出门在塘边马路上散步,每次都会在椅子上坐坐,才发现在椅子前后左右都有许多垃圾,什么废塑料袋、破饭盒、烟头、烂纸、水果皮等等,最可恨的是瓜子皮,黑白皆有,满地都是。在这样的情况下,即使眼前湖光潋滟,风物旖旎,杨柳垂丝,新荷田田,你能坐得下去吗?没有办法,我们每次出来，必携一大塑料袋和一只竹夹子，先把地上的垃圾捡净，然后才落座。此时心情十分复杂，眼前美景赏心悦目，内心感觉厌恶愤怒。坐在椅子上吃喝，我无权反对。吃完以后，不过一举手一投足之劳，将垃圾投入垃圾箱中，毫不费事，垃圾箱就在附近，不劳远行。然而这些人却竟视若无睹，乱扔一气。他们眼中只有自己，毫无他人。这是一种地地道道的自私自利的行为，是我们中华民族的一种耻辱。有时候我们看到背后专家招待所的外国专家也出来捡垃圾，我脸上真是羞得发红。

还有一件事情，就是随地吐痰。这也本来算不上是一件大事。但是，我曾读到过一篇外国人写的文章，他反对在中国举行奥运，理由之一就是中国人随地吐痰。这样它不就成为一件大事了吗？随地吐痰，毋庸讳言，在中国确是常见。它几乎成为一种"国习"了。若干年前，北京政府也曾设法整治过。办法是，谁在大街上随地吐一口痰，就罚款五角，自己还要把痰迹擦掉。据说，有一次一个人因吐痰被罚，他在地上又吐了一口，拿出一元钱交给检查人员，说道："我索性凑个整数，免得你找钱。"这是不是一个笑话，我不敢说。总之，那一次整治并没有成功，"后遂无问津者"。

我们中华民族是一个伟大的民族，这一点谁也不敢否认。但是，有这些毛病，确也是事实。古人说："过则勿惮改。"这些毛病是非改不行的。怎样去改呢？这些毛病都是"历史遗产"。要求一下子就改过来，是不切实际的。我认为，必须从根本抓起，从小处抓起，我在上面讲到道德行为有大有小。但是，对于大小，必须有一个辩证的看法，小恶不改，久之必酿成大恶。我们要把这些小毛病提高到人民素质的水平上来看，纳入法治的范畴。这绝不是抡起大斧砍苍蝇。新加坡的成功经验可以作为我们的借鉴。

另一方面，必须从家庭教育抓起，从娃娃抓起。父母先要以身作则，对小孩子讲清道理，小孩子是能够接受的。中国古代是非常重视家庭教育的，孟母三迁就是一个好例证。因此我把改正上面提到的那一些小毛病的希望寄托于家庭教育。我想我的希望是会实现的。

2001 年 11 月 30 日

对待不同意见的态度

端正对待不同意见（我在这里指的只是学术上不同的意见）的态度，是非常不容易办到的一件事。中国古话说"良药苦口利于病，忠言逆耳利于行"，可见此事自古已然。

我对于学术上不同的观点，最初也不够冷静。仔细检查自己内心的活动，不冷静的原因绝不是什么面子问题，而是觉得别人的思想方法有问题，或者认为别人并不真正全面地、实事求是地了解自己的观点，自己心里十分别扭，简直是堵得难受，所以才不能冷静。

最近若干年来，自己在这方面有了进步。首先，我认为，普天之下的芸芸众生，思想方法就是不一样，五花八门，无奇不有。这是正常的现象，正如人与人的面孔也不能完完全全一模一样。要求别人的思想方法同自己一样，是一厢情愿，是完全不可能的，也是完全不必要的。其次，不管多么离奇的想法，其中也可能有合理之处。采取其合理之处，扬弃其不合理之处，是唯一正确的办法。至于有人无理攻击，也用不着真正的生气。我有一个怪论：一个人一生不可能没有朋友，也不可能没有非朋友。我在这里不用"敌人"这个词，而用"非朋友"，是因为非朋友不一定就是敌人。最后，我还认为，个人的意见不管一时觉得多么正确，其实这还是一个未知数。时过境迁，也许会发现它并不正确，或者不完全正确。到了此时，必须有勇气公开改正自己的错误意见。梁任公说："不惜以今日之我，攻昨日之我。"这是光明磊落的真正学者的态度。最近我编《东西文化议论集》时，首先自己亮相，把我对"天人合一"思想的"新解"（请注意"新解"中的"新"字）和盘托出，然后再把反对我的意见的文章，只要能搜集到的，都编入书中，让读者自己去鉴别分析。我对广大的读者是充分相信的，他们能够明辨是非。如果我采用与此相反的方式：打笔墨官司，则对方也必起而应战。最初，双方或者还能克制自己，说话讲礼貌，有分寸。但是笔战越久，理性越少，最后甚至互相谩骂，人身攻击。到了这个地步，谁还能不强词夺理、歪曲事实呢？这样就离开真理越来越远了。中国学术史上这样的例子颇为不少。我前些时候在上海《新民晚报》"夜光杯"副刊上写过一篇短文《真理越辩越明吗？》。我的结论是：在有些时候，真理越辩越糊涂。是否真理，要靠实践，兼历史、时间和检验。可能有人认为我是在发怪论，我其实是有感而发的。

慈善是道德的积累

我是搞语言的，要我来讲道德，讲慈善，实在是有些惶恐。

什么是道德？这是一个大问题，可以写一本书。简单说来，道德是一种社会意识，是一种不依靠外力的特殊的行为规范。道德以善与恶、美与丑、真与伪等概念调整人与人、人与社会之间的关系。我国正处在一个大发展、大变革时期，稳定是第一位的，一定要处理好人与人、人与社会之间的关系。除了法律、行政手段的进一步强化和完善以外，道德是社会稳定发展必不可少的行为规范和调节手段。

在中国的传统道德中，伦理道德有很重要的位置，伦理就是解决人与人之间关系的，儒家讲的三纲六纪就是规定了君臣、父子、夫妇、兄弟、朋友之间关系的准则。这里有糟粕的地方，因为人与人之间应该是平等的，不应该谁是谁的纲。儒家强调要处理好人的各方面社会关系，还有许多值得批判吸收的东西。比方对父母的关系，中国人讲孝，这个孝字在英文没有这样一个词，要用两个词才能表述这个意思，所以西方的老人晚年是十分凄凉的。中、西的道德是有区别的。我举个例子，我在欧洲住的年头不少，我看小孩子打架，一个十六七岁，一个七八岁，结果小的被打倒了，哭一阵爬起来再打。要在中国就会有人讲了，大的怎么欺侮小的呢。他们那儿没人管，他们认为力量、拳头是第一位的，不管你大小，只要把别人打倒就是正当的。西方道德中也有对我们有用的。我国传统的伦理道德应批判继承，精华留下，糟粕去掉。对外国好的，也可以学习，不要排斥。

慈善是良好道德的发扬，又是道德积累的开端。孟子说："恻隐之心，仁之端也。"一个社会良好的道德风尚，一个人良好的道德修养，不是从天上掉下来的。要宣传教育，要舆论引导，更要实践、参与。慈善是具有广泛群众性的道德实践。慈善可以是很高的层次，无私奉献，也可以有利己的目的，比如图个好名声，或者避税，或者领导号召不得不响应。为慈善付出的可以很大，也可以很少，可以是金钱，也可以是时间、精神，层次很多，幅度很大。不管在什么条件下，出于什么动机，只要他参与了，他就开始了他的道德积累，所以我主张慈善不要问动机。毛泽东同志讲动机与效果的辩证统一，我的理解，效果是决定因素。"四人帮"有个特点，就是抓活思想，抓活思想就是追究动机。过去有句古话，有心为善，虽善不赏，无心为恶，虽恶不罚，这是典型的动机唯心主义。

2001 年

爱国与奉献

最近清华大学和北京同方文化发展有限公司共同推出了大型电视专题片《我愿以身许国》和《科学家的故事》。我参加了首映式。前者讲的是两弹一星23位科学家的故事，后者讲的是中国其他将近一百位科学家的故事，二者实相联系，合成一体。我看了后大为兴奋，大为震动，大为欣悦，大为感激，简直想手舞足蹈了。我们要感谢以顾秉林校长为首的清华大学的校领导，感谢同方文化发展有限公司的徐林旗总经理。没有他们的努力，这两部电视片是完成不了的。我欢呼这两部优秀的电视专题片的诞生。我相信，将来当这部电视片在全国放映的时候，会有成千上万的观众参加到我们欢呼的行列里来的。

这两部片子的意义何在呢？

我归纳为两点：爱国与奉献。以爱国主义的情操来推动奉献精神，以奉献的实际行动来表达爱国主义的情操。二者紧密相连，否则爱国主义只是一句空话，而奉献则成为无源之水，无本之木。

爱国主义是中华民族的优秀传统，历数千年而未衰。原因是中国历代都有外敌窥伺，屠我人民，占吾土地，从而激起了我们民族的爱国义愤，奋起抵抗，前赴后继，保存了我们国家的领土完整，维护了我们人民的生命安全,一直到了今天。

到了今天,我们国家虽然仍然处于发展中国家行列中,但是早已换了人间,我们在众多方面取得了令人瞩目的成绩,在全世界普遍的经济不景气的气氛中,我们却一枝独秀。我们国家在世界民族之林中的地位日益崇高。没有我国的参加,世界上任何重大问题都是解决不了的。在这样的情况下还有必要大声疾呼地提倡爱国主义吗?

我的意见是:有必要,而且比以前更迫切。我们目前的处境是,从一个弱国逐渐变为一个强国。我们是一个有13亿人口的大国。这种转变会引起周边一些国家的不安。虽然我们国家的历届领导人都昭告天下:我们决不会侵略别的国家,但是我们也绝不会听任别的国家侵略我们。这样的话,他们是听不进去的。特别是那一个狂舞大棒,以世界警察自居,肆意干涉别国内政的大国,更是视我国为眼中钉。在这样的情况下,我认为,我们"国歌"中的一句话——"中华民族到了最危急的时候",还有其现实的意义。

因此,我们眼前发扬爱国主义精神,不但不能削弱,而且更应加强。我们还要把爱国与奉献紧密结合起来。如果没有两弹一星的元勋们的无私奉献精神和行动,如果我们今天仍然没有两弹一星,我们的日子怎样过呀!那一个大国能像现在这样比较克制吗?说不定踏上我国土地的不仅是20世纪三四十年代打着膏药旗的侵略者,还会有打着另外一种旗帜的侵略者。

想到这里,我们不能不缅怀23位两弹一星的元勋们以及他们的助手们的丰功伟绩。他们长期从家中"失踪",隐姓埋名,躲到沙漠深处,战严寒,斗酷暑,忍受风沙的袭击,奋发图强,终于制造出来了两弹一星,成了中国人民的新的万里长城。他们把爱国与奉献紧密地结合起来。他们是我们学习的楷模。我是不是过分夸大了两弹一星的作用呢?绝不是。以那个大国为首的力图阻碍我们前进的国家,都是唯武器论者。他们怕的只是你手中的真家伙。希望我们全国人民认真学习两弹一星的元勋们,也把爱国与奉献紧密结合起来。我们将成为世界大国是历史的必然,是谁也阻挡不住的。

2002年5月2日

公德（一）

什么叫"公德"？查一查字典，解释是"公共道德"。这等于没有解释。继而一想，也只能这样。字典毕竟不是哲学教科书，也不是法律大全，要求它做详尽的解释，是不切实际的。

先谈事实。

我住在燕园最北部，北墙外，只隔一条马路，就是圆明园。门前有清塘一片，面积仅次于未名湖。时值初夏，湖水潋滟，波平如镜，周围垂杨环绕。柳色已由鹅黄转为嫩绿，衬上后面杨树的浓绿，浓淡分明，景色十分宜人。北大人口中称之为后湖。因为僻远，学生来者不多，所以平时显得十分清静。为了有利于居住者纳凉，学校特安上了木制长椅十几个，环湖半周。现在每天清晨和黄昏，椅子上总是坐满了人。据知情人的情报，坐者多非北大人，多来自附近的学校，甚至是外地来的游人。

这样一个人间仙境，能吸引外边的人来，我们这里的居民，谁也不会反对，有时还会窃喜。我们家住垂杨深处，却如入芝兰之室，久而不闻其香。有外来人来共同分享，焉得而不知喜呢？

然而且慢。这里不都是芝兰，还有鲍鱼。每天十点，玉洁来我家上班时，我们有时候也到湖边木椅上小坐。几乎每次都看到椅前地上，铺满了瓜子皮、烟头，还有不同颜色的垃圾。有时候竟有饭盒的残骸，里面吐满了鸡骨头和鱼刺。还有各种水果皮，狼藉满地，看了令人头痛生厌，屁股再也坐不下去。有一次我竟看到，附近外国专家招待所的一对外国夫妇，手持塑料袋和竹夹，在椅子前面，弯腰曲背，捡地上的垃圾。我们的脸腾地一下子红了起来。看了这种情况，一个稍有公德心的中国人，谁还能无动于衷呢？我于是同玉洁约好：明天我们也带塑料袋和竹夹子来捡垃圾，企图给中国人挽回一点面子。捡这些垃圾并不容易。大件的好办，连小件的烟头也并不困难。最难捡的是瓜子皮，体积小而薄，数量多而广，吐在地上，脚一踩，就与泥土合二而一，一个个地从泥土中抠出来，真是煞费苦心。捡不多久，就腰酸腿痛、气喘吁吁了。本来是想出来纳凉的，却带一身臭汗回家。但我们心里却是高兴的，我们为我们国家做了一件小到不能再小的事情。此外，我们也有"同志"。一位邻居是新华社退休老干部。他同我们一样，对这种现象看不下去。有一次，我们看到他赤手空拳、搜捡垃圾。吾道不孤，我们更高兴了。

中华民族是伟大的民族，这一点，全世界谁也不敢否认。可是，到了今天，由于种种原因，一部分人竟然沦落到不知什么是公德，实在是给我们脸上抹黑。现在许多有识之士高呼提高人民素质，其中当然也包括道德素质。这实在是当务之急。

2002年5月28日

公德（二）

标题似乎应作"风化"，但是，因为第一，它与《公德（一）》所谈到的湖边木椅有关；第二，在这里，"有伤风化"与"有损公德"实在难解难分，因此仍作《公德》，加上一个"（二）"。

话题当然要从木椅谈起。木椅既是制造垃圾的场所，又是谈情说爱的胜地。是否是同一批人同时并举，没有证明，不敢乱说。

在光天化日之下，大庭广众之中，亲人们，特别是夫妇们由于某种原因接一个吻，在任何文明国家中都允许的，不以为怪的。在中国古代，是不行的，这大概属于"非礼"的范围。

可是，到了今天，中国"现代化"了。洋玩意儿不停地涌入，上述情况也流行起来。这我并不反对。不过，我们中国有一部分人，特别是青年人，一学习外国，就不但是"弟子不必不如师"，而且有出蓝之誉。要证明嘛，远在天边，近在眼前，就在燕园后湖边木椅子上。

经常能够看到，在大白天，一对或多对青年男女，坐在椅子上。最初还能规规矩矩，不久就动手动脚，互抱接吻，不是一个，而是一串。然后，一个人躺在另外一个的怀里，仍然是照吻不已。最后则干脆一个人压在另一个的身上。此时，路人侧目，行者咋舌，而当事人则天上天下，唯我独尊，岿然不动，旁若无人。招待所里住的外国专家们大概也会从窗后外窥，自愧不如。

汉代张敞对宣帝说："闺房之内，夫妇之私，有过于画眉者。"但那是夫妇之间暗室里的事情。现在移于光天化日之下，岂能不令人吃惊！我不是说，在白天椅子上竟做起了闺房之内的事情来。但我们在捡垃圾时确实捡到过避孕套。那可能是夜间留下的，我现在不去考证了。

燕园后湖这一片地方，比较僻静。有小山蜿蜒数百米，前傍湖水，有茂林修竹，绿草如茵。有些地方，罕见人迹，真正是幽会的好地方。傍晚时见对对男女青年，携手搂腰，迤逦走过，倩影最终消失在绿树丛中。至于之后干些什么，那只能意会而不必言传了。

一天晚上，一位原图书馆学系退休的老教授来看我，他住在西校门外。如果从我家走回家，应该出门向右转，走过我上面讲的那一条倚山傍湖的小径。但他却向左转，要经过未名湖，走出西门，这要多走好多路。我怪而问之。他说，之所以不走那一条小路，怕惊动了对对的野鸳鸯。对对者，不止一对也，我听了恍然大悟，立即想起了我们捡垃圾时捡到的避孕套。

故事讲完了，读者诸君以为这是"有伤风化"呢，还是"有损公德"？恐怕是二者都有吧。

2002年5月29日

公德(三)

已经写了两篇《公德》,但言犹未尽,再添上一篇。

改革开放以来,我国经济发展了,人民生活水平提高了,钱包鼓起来了,于是就要花钱。花钱花样繁多,旅游即其中之一。于是空前未有的旅游热兴起来了。国内的泰山、长城、黄山、张家界、九寨沟、桂林等逛厌了,于是出国,先是新、马、泰,后又扩大到欧美。大队人马出国旅游,浩浩荡荡,猗与休哉!

我是赞成出国旅游的。这可以开阔人们的眼界,增长人们的见识,有百利而无一弊。而且,我多年来就有一个想法:西方人对中国很不了解。他们不懂"士别三日,当刮目相看"的道理,至今仍顽固抱住"欧洲中心主义"不放。这大大地不利于国际的相互了解,不利于人民之间友谊的增长。所以我就张皇"送去主义",你不来拿,我就送去,然而送去也并不容易。现在中国人出国旅游,不正是送去的好机会吗?

然而,一部分中国游客送出去的不是中国文化,不是精华,而是糟粕。例子繁多,不胜枚举。我干脆做一次文抄公,从《参考消息》上转载的香港《亚洲周刊》上摘抄一点,以概其余。首先我必须声

明一下,我不同意该刊"七宗罪"的提法。这只是不顾国格,不讲公德,还不能上纲到"罪"。这七宗是:

第一宗:脏。不讲公德,乱扔垃圾。拙文《公德(一)》讲的就是这个问题。

第二宗:吵。在飞机上,在火车上,在餐厅中,在饭店里,大声喧哗。

第三宗:抢。不守规则,不讲秩序,干什么都要抢先。

第四宗:粗。不懂起码的礼貌,不会说"谢谢""对不起"。

第五宗:俗。在大饭店吃饭时,把鞋脱掉,赤脚坐在椅子上,或盘腿而坐。

第六宗:窘。穿戴不齐,令人尴尬;穿着睡衣,在大饭店里东奔西逛。

第七宗:泼。遇到不顺心的事,不但动口骂人,而且动手打人。

以上七宗,都是极其概括的。因为,细说要占极多的篇幅。不过,我仍然要突出一"宗",这就是随地吐痰,我戏称之为"国吐",与"国骂"成双成对。这是中国相当大一部分人的痼疾,屡罚不改。现在也被输出国外,为中国脸上抹黑。

处在这种情况下,我们应该怎么办呢?想改变以上几种弊端,是长期的工作,国内尚且如此,何况国外。我们决不能因噎废食,停止出国旅游。出国旅游还是要继续的。能否采取一个应急的办法:

在出国前,由旅游局或旅行社组织一次短期学习,把外国习惯讲清,把应注意的事项讲清。这或许能起点作用。

2002 年 5 月 30 日

公德(四)

已经写了三篇《公德》,但仍然觉得不够。现在再写上一篇,专门谈"国吐"。

随地吐痰这个痼疾,过去已经有很多人注意到了。记得鲁迅在一篇杂文中,谈到旧时代中国照相,常常是一对老年夫妇,分坐茶几左右,几前置一痰桶,说明这一对夫妇胸腔里痰多。据说,美国前总统访华时,特别买了一个痰桶,带回了美国。

中国官方也不是没有注意到这个现象。很多年以前,北京市公布了一项罚款的规定:凡在大街上随地吐痰者,处以五毛钱的罚款。有一次,一个人在大街上吐痰,被检查人员发现,立刻走过来,向吐痰人索要罚款。那个人处变不惊,立刻又吐一口痰在地上,嘴里说:"五毛钱找钱麻烦,我索性再吐上一口,凑足一元钱,公私两利。"这个故事真实性如何,我不是亲身经历,不敢确说,但是流传得纷纷扬扬,我宁信其有,而不信其无。

也是在很多年以前,北大动员群众,反击随地吐痰的恶习。没有听说有什么罚款。仅在学校内几条大马路上,派人检查吐痰的痕迹,查出来后,用红粉笔圈一个圆圈,以痰迹为中心。这种检查简直易如反掌,隔不远,就能画一个大红圈。结果是满地斑斓,像是一幅未来派的图画。

结果怎样呢？在北京大街上照样能够看到和听到，左右不远，有人吭咔一声，一团浓痰飞落在人行道上，熟练得有如大匠运斤成风，北大校园内也仍然是痰迹斑驳陆离。

我们中华民族是伟大的民族，是英勇善战的民族，我们能够以弱胜强，战胜了武装到牙齿的外敌和国内反动派，对像"国吐"这样的还达不到癣疥之疾的弊端竟至于束手无策吗？

更为严重的是，最近几年来，国际旅游之风兴。"国吐"也随之传入国外。据说，我们近邻的一个国家，为外国游人制定了注意事项，都用英文写成，独有一条是用汉文："请勿随地吐痰！"针对性极其鲜明，但却决非诬蔑。我们这一张脸往哪里摆呀！

治这样的顽症有没有办法呢？我认为，有的。新加坡的办法就值得我们参考，他们用的是严惩重罚。你要是敢在大街上吐一口痰，甚至只是丢一点垃圾，罚款之重让你多年难忘。如果在北京有人在大街上吐痰，不是罚五毛，而是罚五百元，他就绝不敢再吐第二口了。但这要有两个先决条件：一是耐心的教育，不厌其烦地说明利害，苦口婆心；二是要有国家机关、法院和公安局等的有力支持，决不允许任何人耍赖。实行这个办法，必须持之以恒，而且推向全国。用不了几年的时间，"国吐"这种恶习就可以根除。这是我的希望，也是我的信念。

2002年6月4日

再谈爱国主义

爱国主义这样一个题目，不知道有多少人写了文章，做过发言。我自己在过去的一些文章中也曾谈到过这个题目。如果说我对这个题目有什么贡献的话，那就是，我曾指出来，不要一看爱国主义就认为是好东西。爱国主义有两种：一种是正义的爱国主义，一种是邪恶的爱国主义。日寇侵华时中日两国都高呼爱国，其根本区别就在于一个是正义的，一个是邪恶的。如果有人已经做过这样的论断，那就怪我老朽昏庸，孤陋寡闻，务请普天下大方家原谅则个。

我既不是哲学家，也不是思想家，但好胡思乱想。俗话说：愚者千虑，必有一得。我希望，这一句话能在我身上兑现。简短直说，我想从国籍这个角度上来探讨爱国主义。按现在的国际惯例，每个人都必须有一个国籍。听说有人有双国籍，情况不明，这里不谈。国际法大概允许无国籍。二战期间，我滞留德国。中国南京汪伪政府派去了大使。我是绝对不能与汉奸沾边的，我同张维到德国警察局去宣布自己无国籍。

爱国的国字，如果孤立起来看，是一个模糊名词。哪里的国？谁的国？都不清楚。但是，一旦同国籍联系在一起，就十分清楚了。

国就是这个国籍的国。再讲爱国的话，指的就是爱你这个国籍的国。

如果一个国家热爱和平，决不想侵略、剥削、压迫、屠杀别的国家，愿意同别的国家和平共处。这样的国家是值得爱的，非爱不行。这样的爱国主义就是我上面所说的正义的爱国主义。反之，如果一个国家，特别是它的领导人，专心致志地侵略别的国家，征服别的国家，最终统一全球，天上天下，唯我独尊，这样的国家是绝对不能爱的，爱它就成了统治者的帮凶。爱国主义与国际主义是相通的，是互有联系的。保卫世界和平是两者共同的愿望。

要举具体的例子嘛，就在眼前。二战期间，西方一个德国，领袖是希特勒。东方一个日本，头子是东条英机。两国在屠杀别国人民的时候，都狂呼爱国主义。这当然就是我上面所说的邪恶的爱国主义。两个国家，两个头子的下场是众所周知的。

这种情况已经是俱往矣。然而到了今天，居然还有一个大国，亦步亦趋地步希特勒、东条英机的后尘，手舞大棒，飞扬跋扈，驻军遍世界，航空母舰游弋于几大洋。明明知道，别的国家是不可能从外面进攻它的，却偏搞什么导弹防御系统。任何国家屁大的事，它都要过问。不经过它的批准，就是非圣无法。联合国它根本看不起，它就是天下的主人。

有这个国家国籍的人们的爱国主义怎样表现？这个国家，特别是它的领导人值不值得爱？这是有这个国家国籍的人们要慎重考虑的问题。我一个局外人不敢越俎代庖。

2002 年 12 月 27 日

满招损，谦受益

这本来是中国一句老话，来源极古，《尚书·大禹谟》中已经有了，以后历代引用不辍，一直到今天，还经常挂在人们嘴上。可见此话道出了一个真理，经过将近三千年的检验，益见其真实可靠。

这话适用于干一切工作的人，做学问何独不然？可是，怎样来解释呢？

根据我自己的思考与分析，满（自满）只有一种：真。假自满者，未之有也。吹牛皮，说大话，那不是自满，而是骗人。谦（谦虚）却有两种，一真一假。假谦虚的例子，真可以说是俯拾即是。故做谦虚状者，比比皆是。中国人的"菲酌""拙作"之类的词，张嘴即出。什么"指正""斧正""哂正"之类的送人自己著作的谦辞，谁都知道是假的，然而谁也必须这样写。这种谦辞已经深入骨髓，不给任何人留下任何印象。日本人赠人礼品，自称"粗品"者，也属于这一类。这种虚伪的谦虚不会使任何人受益。西方人无论如何也是不能理解的。为什么拿"菲酌"而不拿盛宴来宴请客人？为什么拿"粗品"而不拿精品送给别人？对西方人简直是一个谜。

我们要的是真正的谦虚，做学问更是如此。如果一个学者，不管是年轻的，还是中年的、老年的，觉得自己的学问已经够大了，没有必要再进行学习了，他就不会再有进步。事实上，不管你搞哪一门学问，绝不会有搞得完全彻底一点问题也不留的。人即使能活上一千年，也是办不到的。因此，在做学问上谦虚，不但表示这个人有道德，也表示这个人是实事求是的。听说康有为说过，他年届三十，天下学问即已学光。仅此一端，就可以证明，康有为不懂什么叫学问，现在有人尊他为"国学大师"，我认为是可笑的。他至多只能算是一个革新家。

在当今中国的学坛上，自视甚高者，所在皆是；而真正虚怀若谷者，则绝无仅有。我不认为这是一个好现象。有不少年轻的学者，写过几篇论文，出过几册专著，就傲气凌人。这不利于他们的进步，也不利于中国学术前途的发展。

我自己怎样呢？我总觉得自己不行。我常常讲，我是样样通，样样松。我一生勤奋不辍，天天都在读书写文章，但一遇到一个必须深入或更深入钻研的问题，就觉得自己知识不够，有时候不得不临时抱佛脚。人们都承认，自知之明极难。有时候，我却觉得，自己的"自知之明"过了头，不是虚心，而是心虚了。因此，我从来没有觉得自满过。这当然可以说是一个好现象。但是，我又遇到了极大的矛盾：我觉得真正行的人也如凤毛麟角。我总觉得，好多学人不够勤奋，天天虚度光阴。我经常处在这种心理矛盾中。别人对我的赞誉，我非常感激，但是，我并没有被这些赞誉冲昏了头脑，我头脑是清楚的。我只劝大家，不要全信那一些对我赞誉的话，特别是那些顶高得惊人的帽子，我更是受之有愧。

同胞们说话声音放低一点

这是多么怪的问题。

但是请先冷静一下,别先进行批判。听我慢慢道来。

先举例子。事实胜于雄辩嘛。

好多年前,我在《参考消息》上读到中国一个小有名气的音乐家,是什么院长,率领一个音乐家代表团到澳大利亚去访问。当然是住在高级饭店里。不久住同一楼的外籍人士就反映,他们要搬家。因为住同一层楼的中国客人说话声音实在太高,让人无法忍受。

我在德国的时候,一对中国夫妇生的一个小女孩,大概三岁了吧。一天忽然对父母说:Ihr zankt(你们吵架)。大概父母尚保留"国习",而女孩则由德国保姆带大,对"国习"很不习惯了。

我初到德国时,在柏林待了几个礼拜。我很少到中国饭馆去吃饭。因为此处是蒋、宋、孔、陈、冯、居等要人的纨绔子弟或千金小姐聚会的地方。这批人我不敢说都不念书。但是,如果说,绝大部分不念书则是名副其实的。中国餐馆就是他们聚会之处。每到开饭时,一进门,一股乌烟瘴气扑面而来。里面人声鼎沸,呱哒嘴的声音,仿佛是给这个大混乱敲着鼓点。这情况在国内司空见惯,不图又见于异域柏林。我在大吃一惊之余,赶快逃走,另找一个德国饭馆去吃饭。我年来多病，频频住院。按道理说，医院是最需要肃静的地方。然而在住的医院中，男大夫们往往说话声音极高，护士们是女孩子，说话轻声细语。

我个人认为，说话是传递思想必要的工具。说话声音高到只要让对方（聋子除外）听懂就行了，不必要求每个人都是帕瓦罗蒂。

指责中国人民陋习的文章，古今中外，所在都有。有的是真正的陋习，如随地吐痰；有的也出于偏见。但是，不管有多少陋习，也无法掩去中华民族之伟大。可是，话又说了回来，有陋习，改掉之，不更能显出我们民族的伟大吗？

陋习的种类极多极多。不过把说话声音高也算作陋习，过去却没有见过。有之自不佞始。

2003年6月14日

再劝读书

中国古话说:"长江后浪推前浪,世上新人换旧人。"像我这样年届耄耋的老朽,当然已是"旧人"。我们可以说是已经交了棒,看你们年轻人奋勇向前了。但是我们虽无棒在手,也决不会停下不走,"坐以待毙";我们仍然要焚膏继晷,献上自己的余力,跟中青年人同心协力,把我们国家的事情办好。

坐拥书城意未足

古今中外都有一些爱书如命的人。我愿意加入这一行列。

书能给人以知识,给人以智慧,给人以快乐,给人以希望。但也能给人带来麻烦,带来灾难。在"文化大革命"的年代里,我就以收藏封资修、大洋古书籍的罪名挨过批斗。1976年地震的时候,也有人警告我,我坐拥书城,夜里万一有什么情况,书城将会封锁我的出路。

批斗对我已成过眼云烟,那种万一的情况也没有发生,我"死不悔改",爱书如故,至今藏书已经发展到填满了几间房子。除自己购买以外,赠送的书籍越来越多。我究竟有多少书,自己也说不清楚。比较起来,大概是相当多的。搞抗震加固的一位工人师傅就曾多次对我说:这样多的书,他过去没有见过。学校领导对我额外加以照顾,我如今已经有了几间真正的书斋,那种卧室、书斋、会客室三位一体的情况,那种"初极狭,才通人"的"桃花源"的情况,已经成为历史陈迹了。

有的年轻人看到我的书,瞪大了吃惊的眼睛问我:"这些书你都看过吗?"我坦白承认,我只看过极少极少的一点。"那么,你要这么多书干吗呢?"这确实是难以回答的问题。我没有研究过藏书心理学，三言两语，我说不清楚。我相信，古今中外爱书如命者也不一定都能说清楚，即使说出原因来，恐怕也是五花八门的吧。

　　真正进行科学研究，我自己的书是远远不够的。也许我搞的这一行有点怪。我还没有发现全国哪家图书馆能满足，哪怕是最低限度地满足我的需要。有的题目有时候由于缺书，进行不下去，只好让它搁浅。我抽屉里面就积压着不少这样搁浅的稿子。我有时候对朋友们开玩笑说："搞我们这一行，要想有一个满意的图书室简直比搞四化还要难。全国国民收入翻两番的时候，我们也未必真能翻身。"这绝非耸人听闻之谈，事实正是这样。同我搞的这一行有类似困难的，全国还有不少。这都怪我们过去底子太薄，新中国成立后虽然做了不少工作，但是一时积重难返。我现在只有寄希望于未来，发呼吁于同行。我们大家共同努力，日积月累，将来总有一天会彻底改变目前情况的。古人说："前人种树，后人乘凉。"让我们大家都来当种树人吧。

1985 年 7 月 8 日晨

藏书与读书

有一个平凡的真理,直到耄耋之年,我才顿悟:中国是世界上最喜藏书和读书的国家。

什么叫书?我没有能力,也不愿意去下定义。我们姑且从孔老夫子谈起吧。他老人家读《易》,以至于韦编三绝,可见用力之勤。当时还没有纸,文章是用漆写在竹简上面的,竹简用皮条拴起来,就成了书。翻起来很不方便,读起来也有困难。我国古时有一句话,叫作"学富五车",说一个人肚子里有五车书,可见学问之大。

后来发明了纸,这一来写书方便多了。但是还没有发明印刷术,藏书和读书都要用手抄,这当然也不容易。如果一个人抄的话,一辈子也抄不了多少书。可是这丝毫也阻挡不住藏书和读书者的热情。我们古籍中不知有多少藏书和读书的故事,也可以叫作佳话。我们浩如烟海的古籍,以及古籍中所寄托的文化之所以能够流传下来,历千年而不衰,我们不能不感谢这些爱藏书和读书的先民。

后来我们又发明了印刷术。有了纸,又能印刷,书籍流传方便多了。从这时起,古籍中关于藏书和读书的佳话,更多了起来。宋版、元版、明版的书籍被视为珍品。历代都有一些藏书家,什么绛云楼、天一阁、铁琴铜剑楼、海源阁等等，说也说不完。有的已经消失，有的至今仍在，为我们新社会的建设服务。我们不能不感激这些藏书的祖先。

至于专门读书的人，历代记载更多，还有一些关于读书的佳话，什么囊萤映雪之类。有人做过试验，无论萤和雪都不能亮到让人能读书的程度，然而在这一则佳话中所蕴含的鼓励人们读书的热情则是大家都能感觉到的。还有一些鼓励人读书的话和描绘读书乐趣的诗句。"书中自有颜如玉"之类的话，是大家都熟悉的，说这种话的人的"活思想"是非常不高明的，不会得到大多数人的赞赏。至于"四时读书乐"一类的诗，也是大家所熟悉的。可惜我童而习之，至今老朽昏聩，只记住了一句"绿满窗前草不除"，这样的读书情趣也是颇能令人向往的。此外如"红袖添香夜读书"之类的读书情趣，代表另一种趣味。据鲁迅先生说，连大学问家刘半农也向往，可见确有动人之处了。"雪夜闭门读禁书"代表的情趣又自不同，又是"雪夜"，又是"闭门"，又是"禁书"，不是也颇有人向往吗？

这样藏书和读书的风气，其他国家不能说一点没有。但是据浅见所及，实在是远远不能同我国相比。因此我才悟出了"中国是世界上最爱藏书和读书的国家"这一条简明而意义深远的真理。中国古代光辉灿烂的文化有极大一部分是通过书籍流传下来的。到了今天，我们全体炎黄子孙如何对待这个问题，实际上是每个人都回避不掉的。我们必须认真继承这个在世界上比较突出的优秀传统,要读书,读好书。只有这样,我们才能上无愧于先民、下造福于子孙万代。

1991 年 7 月 5 日

我和北大图书馆

我对北大图书馆有一种特殊的感情，这种感情潜伏在我的内心深处，从来没有明确地意识到过。最近图书馆的领导同志要我写一篇讲图书馆的文章，我连考虑都没有，立即一口答应。但我立刻感到有点吃惊。我现在事情还是非常多的，抽点时间，并非易事。为什么竟立即答应下来了呢？如果不是心中早就蕴藏着这样一种感情的话，能出现这种情况吗？

山有根，水有源，我这种感情的根源由来已久了。

1946年，我从欧洲回国。去国将近十一年，在落叶满长安（长安街也）的深秋季节，我又回到了北京。在北大工作，我内心感情的波动是难以形容的，既兴奋，又寂寞，既愉快，又惆怅。然而我立刻就到了一个可以安身立命的地方，这就是北大图书馆。当时我单身住在红楼，我的办公室（东语系办公室）是在灰楼。图书馆就介乎其中。承当时图书馆的领导特别垂青，在图书馆里给了我一间研究室，在楼下左侧。窗外是到灰楼去的必由之路。经常有人走过，不能说是很清静。但是在图书馆这一面，却是清静异常。我的研究室左右，也都是教授研究室，当然室各有主，但是颇少见人来。所以走廊里静如古寺，真是念书写作的好地方。我能在奔波数万里、扰攘十几年,有时梦想得到一张一尺见方的书桌而渺不可得的情况下,居然有了一间窗明几净的研究室,简直如坐天堂,如享天福了。当时我真想咬一下自己的手,看一看自己是否在做梦。

研究室的真正要害还不在窗明几净——当然,这也是必要的——而在有没有足够的书。在这一点上,我也得到了意外的满足。图书馆的领导允许我从书库里提一部分必要的书,放在我的研究室里,供随时查用。我当时是东语系的主任,虽然系非常小,没有多少学生,但是麻雀虽小,五脏俱全,仍然有一些会要开,一些公要办,所以也并不太闲。可是我一有机会,就遁入我的研究室去,"躲进小楼成一统",这地方是我的天下。我一进屋,就能进入角色,潜心默读,坐拥书城,其乐实在是不足为外人道也。我回国以后,由于资料缺乏,在国外时的研究工作,无法进行,只能有多大碗,吃多少饭,找一些可以发挥自己的长处而又有利于国计民生的题目,来进行研究。北大图书馆藏书甲全国大学,我需要的资料基本上能找得到,因此还能够写出一些东西来。如果换一个地方,我必如车辙中的鲋鱼那样,什么书也看不到,什么文章也写不出,不但学业上不能进步,长此以往,必将索我于鲍鱼之肆了。

作为全国最高学府的北京大学,我们有悠久的爱国主义的革命历史传统,有实事求是的学术传统,这些都是难能可贵的。但是,我认为,一个第一流的大学,必须有第一流的设备、第一流的图书、第一流的教师、第一流的学者和第一流的管理。五个第一流,缺一不可。我们北大可以说具备这五个第一流的。因此，我们有充分的基础，可以来弘扬祖国的优秀文化，为我国四化建设培养德才兼备的人才，对外为祖国争光，对内为人民立功，仰不愧于天，俯不怍于地，充满信心地走向光辉的未来。在这五个第一流中，第一流的图书馆更显得特别突出。北大图书馆是全国大学图书馆的翘楚。这是世人之公言，非我一个之私言。我们为此应该感到骄傲，感到幸福。

但是，我们全校师生员工却不能躺在这个骄傲上、这个幸福上睡大觉。我们必须努力学习，努力工作，像爱护自己的眼球一样，爱护北大，爱护北大的一草一木、一山一石，爱护我们的图书馆。我们图书馆的藏书盈架充栋，然而我们应该知道，一部一册来之不易，一页一张得之维艰。我们全体北大人必须十分珍惜爱护。这样，我们的图书馆才能有长久的生命，我们的骄傲与幸福才有坚实的基础。愿与全校同仁共勉之。

1991 年 11 月 6 日

"天下第一好事,还是读书"

古今中外赞美读书的名人和文章,多得不可胜数。张元济先生有一句简单朴素的话:"天下第一好事,还是读书。""天下"而又"第一",可见他对读书重要性的认识。

为什么读书是一件"好事"呢?

也许有人认为,这问题提得幼稚而又突兀。这就等于问"为什么人要吃饭"一样,因为没有人反对吃饭,也没有人说读书不是一件好事。

但是,我却认为,凡事都必须问一个"为什么",事出都有因,不应当马马虎虎,等闲视之。现在就谈一谈我个人的认识,谈一谈读书为什么是一件好事。

凡是事情古老的,我们常常总说"自从盘古开天地"。我现在还要从盘古开天地以前谈起,从人类脱离了兽界进入人界开始谈。人成了人以后,就开始积累人的智慧,这种智慧如滚雪球,越滚越大,也就是越积越多。禽兽似乎没有发现有这种本领,一只蠢猪一万年以前是这样蠢,到了今天仍然是这样蠢,没有增加什么智慧。人则不然,不但能随时增加智慧,而且根据我的观察,增加的速度越来越快,有如物体从高空下坠一般。到了今天,达到了知识爆炸的水平。

最近一段时间以来,"克隆"使全世界的人都大吃一惊。有的人竟忧心忡忡,不知这种技术发展"伊于胡底"。语出《诗经·小雅·小旻》:"我视谋犹,伊于胡底?"意为:到什么地步为止,形容结局不堪设想。信耶稣教的人担心将来一旦"克隆"出来了人,他们的上帝将向何处躲藏。

人类千百年以来保存智慧的手段不出两端,一是实物,比如长城等等,二是书籍,以后者为主。在发明文字以前,保存智慧靠记忆;文字发明了以后,则使用书籍。把脑海里记忆的东西搬出来,搬到纸上,就形成了书籍,书籍是贮存人类代代相传的智慧的宝库。后一代的人必须读书,才能继承和发扬前人的智慧。人类之所以能够进步,永远不停地向前迈进,靠的就是能读书又能写书的本领。我常常想,人类向前发展,有如接力赛跑,第一代人跑第一棒,第二代人接过棒来,跑第二棒,以至第三棒、第四棒,永远跑下去,永无穷尽,这样智慧的传承也永无穷尽。这样的传承靠的主要就是书,书是事关人类智慧传承的大事,这样一来,读书不是"天下第一好事"又是什么呢?

但是,话又说了回来,中国历代都有"读书无用论"的说法,读书的知识分子,古代通称之为"秀才",常常成为取笑的对象,比如说什么"秀才造反,三年不成",是取笑秀才的无能。这话不无道理。在古代——请注意,我说的是"在古代",今天已经完全不同了——造反而成功者几乎都是不识字的痞子流氓,中国历史上两个马上皇帝、开国"英主",刘邦和朱元璋,都属此类。诗人只有慨叹"刘项原来不读书"。秀才最多也只有成为这一批地痞流氓的"帮忙"或者"帮闲",帮不上的,就只好慨叹"儒冠多误身"了。

但是,话还要再说回来,中国悠久的优秀的传统文化的传承者,是这一批地痞流氓,还是"秀才"?答案皎如天日。这一批"读书无用论"的现身"说法"者的"高祖""太祖"之类,除了镇压人民、剥削人民之外,只给后代留下了什么陵之类,供今天搞旅游的人赚钱而已。他们对我们国家竟无贡献可言。

总而言之,"天下第一好事,还是读书"。

1997 年 4 月 8 日

推荐《吴宓与陈寅恪》

陈寅恪是中国近代最著名的国学大师之一,他集义理、辞章、考据于一身,著作影响广被。最难能可贵的是,他一家三代(祖陈宝箴,父陈三立)都以热爱祖国著称,在素有爱国主义传统的中国知识分子中成为爱国楷模。

吴宓也是著名的学者、诗人、诗歌理论家、东西比较文学的倡导者。他与陈寅恪在美国哈佛大学相识,当时与汤用彤共称"哈佛三杰"。其后陈吴二位宗师都曾在清华大学国学研究院工作过。

吴宓的女儿吴学昭根据吴宓日记,撰成此书。将陈吴二位长达半个世纪的忠诚不渝的友谊加以翔实的纪录,成为研究二位学者的最可靠的资料,为其他任何资料所不能代替。

此书出版前曾有人估计,此种"冷僻"之书不会有很多人垂青,二位宗师的名字绝大多数的中国青年也不熟悉。因而只印了两千册。两千册在今天中国出版界也不能算是很低的数目。但是,此书一出却大爆冷门。两千册转瞬售罄,求此书者仍络绎不绝。由此可见,中国真正的读书人还是有的,真正的"识货人"也还是有的。此书之价值也由此可见。

从学术意义来看，此书抄录了不少陈寅恪的诗，为他处所不见者，又记录了一些陈寅恪对世事、对人生、对文化等等的看法，在他的著作中是难以找到的，这对于研究陈寅恪的著作和思想，很有裨益。吴宓的学术观点，以及他对于世事、人生、文化、爱情等的观点，当然更保存了不少。对研究吴宓的著作和思想，也有不可估量的意义。所有这一些资料对将来撰写《中国近现代学术史》都有很大用处，这样一部书迟早总会要写的。

1993 年 4 月

推荐十种书

一、《红楼梦》

《红楼梦》是古今中外最优秀、最杰出的长篇小说。我不谈思想性,因为公说公有理,婆说婆有理,谁也说不清楚,谁也说服不了谁。我只谈艺术性。本书刻画人物达到了出神入化的境界。人物一开口,虽不见其人,但立刻就能知道是谁。在中外文学作品中,实无其匹。

二、《世说新语》

这也是一本奇书。当时清谈之风盛行,但并不是今天的"侃大山",而要出言必隽永有韵致,言简而意深,如食橄榄,回味无穷。有的话不能说明白,但一经说出,则听者会心,宛如当年灵山会上,世尊拈花,迦叶微笑。

三、《儒林外史》

本书是中国小说中的精品。它结构奇特,好像是由一些短篇缀合而成。作者惜墨如金,描绘风光,刻画人物,三言两语,而自然景色和人物性格,便跃然纸上。它尤以讽刺见长,作者威仪俨然。不露笑容,讽刺的话则入木三分,令人忍俊不禁。

四、李义山诗

在中国诗中,我同曹雪芹正相反,最喜欢李义山诗。每个人欣赏的标准和对象,不能强求一律。义山诗词藻华丽,声韵铿锵。有时候不知所言何意,但读来仍觉韵味飘逸,意象生动,有似西洋的 pure poetry(纯诗)。诗不一定都要求懂。诗的词藻美和韵律美直接诉诸人的灵魂。汉诗还有一个字形美。

五、李后主词

后主词只有短短几篇。他不用一个典故,但感情真挚,动人心魄。王国维说:"后主则俨有释迦、基督担荷人类罪恶之意。"言似夸大,我们不能这样要求后主,他也根本不是这样的人。中国历史上多一个励精图治的皇帝,没有多大分量。但是,如果缺一个后主,则中国文学史将成什么样子?

六、《史记》

《史记》是中国第一部通史。但此书真正意义不在史而在文。司马迁说:"诟莫大于宫刑。"他满腔孤愤,发而为文,遂成《史记》。时至今日,不可一世的汉武帝,只留得"西风残照,汉家陵阙",而《史记》则"光芒万丈长"。历史最是无情的。

七、陈寅恪《寒柳堂集》

八、陈寅恪《金明馆丛稿》

陈寅恪先生学贯中西,熔铸今古。他一方面继承和发展了中国乾嘉朴学大师的考据之学,另一方面又继承和发扬了西方近代考据之学，实又超出二者之上。他从不用僻书，而是在人人能读、人人似能解的平常的典籍中，发现别人视而不见的问题，即他常说的"发古人之覆"。他这种本领达到了极高明的地步，如燃犀烛照，洞察幽微，为学者所折服。陈先生不仅是考据家，而且是思想家，他对中国文化的理解，实超过许多哲学家。

九、德国吕德斯的《印度语文学》

在古今中外的学人中，我最服膺，影响我最深的，在中国是陈寅恪，在德国是吕德斯。后者也是考据圣手。什么问题一到他手中，便能鞭辟入里，如剥芭蕉，层层剥来，终至核心，所得结论，令人信服。我读他那些枯燥至极的考据文章，如读小说，成了最高的享受。

十、德国西克、西克灵和舒尔茨的《吐火罗语法》

吐火罗语是一种前所未知的新疆古代民族语言。考古学家发掘出来了一些残卷，字母基本上是能认识的，但是语言结构，则毫无所知。三位德国学者通力协作，经过了二三十年的日日夜夜，终于读通，而且用德国学者有名的"彻底性"写出了一部长达518页的皇皇巨著，成了世界学坛奇迹。

1993年5月29日

我的书斋

最近身体不太好,内外夹攻,头绪纷繁,我这已届耄耋之年的神经有点儿吃不消了。于是我下定决心,暂且封笔。乔福山同志打来电话,约我写点儿什么,我遵照自己的决心,婉转拒绝。但一听说题目是"我的书斋",于我心有戚戚焉,立即精神振奋,暂停决心,拿起笔来。

我确实有个书斋,我十分喜爱我的书斋。这个书斋是相当大的,大小房间,加上过厅、厨房,还有封了顶的阳台,大大小小,共有八个单元。册数从来没有统计过,总有几万册吧。在北大教授中,"藏书状元"我恐怕是当之无愧的。而且在梵文和西文书籍中,有一些堪称海内孤本。我从来不以藏书家自命,然而坐拥如此大的书城,心里能不沾沾自喜吗?

我的藏书都像是我的朋友,而且是密友。我虽然对它们并不是每一本都认识,它们中的每一本却都认识我。我每一走进我的书斋,书籍们立即活跃起来,我仿佛能听到它们向我问好的声音,我仿佛能看到它们向我招手的情景。倘若有人问我,书籍的嘴在什么地方,而手又在什么地方呢?我只能说:"你的根器太浅,努力修持吧。有朝一日,你会明白的。"

我兀坐在书城中，忘记了尘世的一切不愉快的事情，怡然自得。以世界之广，宇宙之大，此时却仿佛只有我和我的书友存在。窗外<u>粼粼</u>碧水，<u>丝丝</u>垂柳，阳光照在玉兰花肥大的绿叶子上，这都是我平常最喜爱的东西，现在也都视而不见了，连平常我喜欢听的鸟鸣声"光棍儿好过"，也听而不闻了。

我的书友每一本都蕴涵着无量的智慧。我只读过其中的一小部分，这智慧我是能深深体会到的。没有读过的那一些，好像也不甘落后，它们不知道是施展一种什么神秘的力量，把自己的智慧放了出来，像波浪似涌向我来。可惜我还没有修炼到能有"天眼通"和"天耳通"的水平，我还无法接受这些智慧之流。如果能接受的话，我将成为世界上古往今来最聪明的人。我自己也去努力修持吧。

我的书友有时候也让我窘态毕露。我并不是一个不爱清洁和秩序的人；但是，因为事情头绪太多，脑袋里考虑的学术问题和写作问题也不少，而且每天都收到大量的寄来的书籍和报纸杂志以及信件，转瞬之间就摞成一摞。在这样的情况下，如果我需要一本书，往往是遍寻不得，"只在此屋中，书深不知处"，急得满头大汗，也是枉然。只好到图书馆去借。等我把文章写好，把书送还图书馆后，无意之间，在一摞书中，竟找到了我原来要找的书，"得来全不费工夫"。然而晚了，工夫早已费过了。我啼笑皆非，无可奈何，等到用另外一本书时，再重演一次这出喜剧。

我知道，我要寻找的书友，看到我急得那般模样，会大声给我打招呼的；但是喊破了嗓子，也无济于事，我还没有修持到能听懂书的语言的水平。我还要加倍努力去修持。我有信心，将来一定能获得真正的"天眼通"和"天耳通"。只要我想要哪一本书，那一本书就会自己报出所在之处，我一伸手，便可拿到，如探囊取物。这样一来，文思就会像泉水般地喷涌，我的笔变成了生花妙笔，写出来的文章会成为天下之至文。到了那时，我的书斋里会充满了没有声音的声音，布满了没有形象的形象。我同我的书友们能够自由地互通思想，交流感情。我的书斋会成为宇宙间第一神奇的书斋，岂不猗欤休哉！

　　我盼望有这样一个书斋。

1993 年 6 月 22 日

推荐《学人》杂志

尽管现在人们大声疾呼出书难、卖书难、买书难,但是好书和好杂志都还有一些的。专就杂志而论,高品位的专门谈文史的杂志,北京和上海都有几种。这几种杂志真像是八仙过海,各自有独有的神通,受到了广大学者们的欢迎。

我现在要推荐的《学人》也是一种品位高、内容丰富的学术刊物,是我非常喜爱的。但是,我觉得,它同其他几种又有些不同。据我个人的浅见,《学人》学风谨严,不说空话,讲古代学术,却又有新风,讲考据,却又贯之以义理,新旧结合,事理相济,读其中的一些文章,简直就是一种享受。

原因何在呢?我认为,原因就在于编者和作者中青年学者居多,他们学有根柢,新旧兼通,东西融会,不矜不躁。现在文坛上和学坛上,都有一些中青年的"作家"和"学者",学殖瘠薄,竞奇斗新,夷考其实,多类羊头。要期望这一批人接老人的班,使中华文化不致中绝,那就等于南辕北辙,决不会成功的。

一个国家的文化传承,是这个国家或民族能够存在下去的根本依据。世界上没有哪一个有出息的国家不重视自己的文化传统的。在这里,文化当然应当包括人文科学和社会科学。离开了自己的独特文化的那一点点科技，就等于水上的浮萍，是没有根的。

一个国家的文化，是全国人民在不知道多少代的漫长的时间内创造出来的。每一代人，特别是学者们，对于民族文化，一要继承，二要发展，代代相传，以至永恒。就中国文化来说，老一代的文化托命之人必然要相继退出传承活动，把接力棒交到年轻人手里。据我个人看，主编《学人》的三位学者以及为这个刊物写文章的中青年学者们，从他们的文章来看，是有资格接过这个接力棒，继承中国文化传统而又能发展中国文化传统的令老人放心的好接班人。青出于蓝，而胜于蓝，是完全可以肯定的。因敢郑重推荐这一个刊物。

1993 年 9 月 17 日

开卷有益

这是一句老生常谈。如果要追溯起源的话,那就要追到一位皇帝身上。宋王辟之《渑水燕谈录》卷六:

(宋)太宗日阅《(太平)御览》三卷,因事有缺,暇日追补之。尝曰:"开卷有益,朕不以为劳也。"

这一段话说不定也是"颂圣"之辞,不可尽信。然而我宁愿信其有,因为它真说到点子上。

鲁迅先生有时候说"随便翻翻"。我看意思也一样。他之所以能博闻强记,博古通今,与"随便翻翻"是有密切联系的。

"卷"指的是书,"随便翻翻"也指的是书。书为什么能有这样大的威力呢?自从人类创造了语言,发明了文字,抄成或印成了书,书就成了传承文化的重要载体。人类要生存下去,文化就必须传承下去,因而书也就必须读下去。特别是在当今信息爆炸的时代中,我们必须及时得到信息。只有这样,人才能潇洒地生活下去,否则将适得其反。信息怎样得到呢?看能得到信息,听也能得到信息,而读书仍然是重要的信息源,所以非读书不可。

什么人需要读书呢？在将来人类共同进入大同之域时，人人都一定要而且肯读书的，以此为乐，而不以此为苦。眼下我们还做不到这一步。"四人帮"说"读书越多越反动"，此"四人帮"之所以为"四人帮"也。我们可以置之不理。如今有个别的"大款"，也同刘邦和项羽一样，是不读书的，不读书照样能够发大财。然而，我认为，这只是暂时的现象，相信不久就会改变。传承文化不能寄希望于这些人身上，而只能寄托在已毕业或尚未毕业的大学生身上。他们是我们的希望，他们代表着我们的未来。大学生们肩上的担子重啊！他们是任重而道远。为了人类的继续生存，为了前对得起祖先，后对得起子孙，大学生们（当然还有其他一些人）必须读书。这已是天经地义，无须争辩。

根据我同北京大学学生的接触和对他们的观察，绝大多数的学生还是肯读书的。他们有的说，自己感到迷惘，不知所从。他们成立了一些社团，共同探讨问题，研究人生，对人生的意义与价值感兴趣。他们甚至想探究宇宙的奥秘。他们是肯思索的一代人，是可以信赖的极为可爱的一代年轻人。同他们在一起，我这个望九之年的老人也仿佛返老还童，心里溢满了青春活力。说这些青年不肯读书，是不符合实际情况的。

读什么样的书呢？自己专业的书当然要读，这不在话下。自己专业以外的书也应该"随便翻翻"，知识面越广越好，得到的信息越多越好，否则很容易变成鼠目寸光的人。鼠目寸光不但不利于自己专业的探讨,也不利于生存竞争,不利于自己的发展,最终为大时代所抛弃。

因此,我奉献给今天的大学生们一句话:开卷有益。

1994 年 4 月 5 日

希望在你们身上

人类社会的进步，有如运动场上的接力赛。老年人跑第一棒，中年人跑第二棒，青年人跑第三棒。各有各的长度，各有各的任务，互相协调，共同努力，以期获得最后胜利。这里面并没有高低之分，而只有前后之别。老年人不必"倚老卖老"，青年人也不必"倚少卖少"。老年人当然先走，青年人也会变老。如此循环往复，流转不息。这是宇宙和人世间的永恒规律，谁也改变不了一丝一毫。所谓社会的进步，就寓于其中。

中国古话说："长江后浪推前浪，世上新人换旧人。"像我这样年届耄耋的老朽，当然已是"旧人"。我们可以说是已经交了棒，看你们年轻人奋勇向前了。但是我们虽无棒在手，也绝不会停下不走，"坐以待毙"；我们仍然要焚膏继晷，献上自己的余力，跟中青年人同心协力，把我们国家的事情办好。

我说的这一番道理，迹近老生常谈，然而却是真理。人世间的真理都是明白易懂的。可是，芸芸众生，花花世界，浑浑噩噩者居多，而明明白白者实少。你们青年人感觉敏锐，英气蓬勃，首先应该认识这个真理。要想树立正确的人生观和价值观，也必须从这里开始。

换句话说就是，要认清自己在人类社会进化的漫漫长河中的地位。人类的前途要由你们来决定，祖国的前途要由你们来创造。这就是你们青年人的责任。千万不要把人生观和价值观当作一个哲学命题来讨论，徒托空谈，无补实际。一切人生观和价值观，离开了这个责任感，都是空谈。

那么，我作为一个老人，要对你们说些什么座右铭呢？你们想要从我这里学些什么经验呢？我没有多少哲理，我也讨厌说些空话、废话、假话、大话。我一无灵丹妙药，二无锦囊妙计。我只有一点明白易懂、简单朴素、迹近老生常谈又确实是真理的道理。我引一首宋代大儒朱子的诗：

少年易老学难成，
一寸光阴不可轻。
未觉池塘春草梦，
阶前梧叶已秋声。

明白易懂，用不着解释。这首诗的关键有二：一是要学习，二是要惜寸阴。朱子心目中的"学"，同我们的当然不会完全一样。这个道理也用不着多加解释，只要心里明白就行。至于爱惜光阴，更是易懂。然而真正能实行者，却不多见。

这就是一个耄耋老人对你们的肺腑之谈。

青年们，好自为之。世界是你们的。

1994 年 12 月 4 日

跨世纪中国人该读什么书

这确实是一个大题。大题可以小做,并不难。我只需随便想出几本书,根据编者的指示,"最好在每个书名下写三五句话",几句话写完,便万事大吉,可以交卷了。

但是,如果想大做,便十分困难。中国有 12 亿人口,文化和爱好各异。即使针对有中等文化水平的读者,其数量也极为可观。俗话说"众口难调",我哪里会有调众口的能力呢?

想来想去,眉头一皱,计上心头:还是写虚一点好。所以,我就先务一点虚,讲一讲该读的书的大范围,顺便写上几本书的名字。

现在什么都讲"跨世纪"。我体会,其意无非是想告诉人们:再过五年,一个新世纪就来到眼前了。到了新世纪,人们都应该有"万象更新"的意识,有点新精神,有点新活力,干点新事情,搞点新创造,使自己和人们耳目都为之一新,不管男女老幼,都努力成为一个新人。

我们现在谈该读的书,也应该着眼于此点,否则就毫无意义。既然讲新,就必须先知道旧,新旧是对比而形成的。同 21 世纪的新相比,过去和现在都属于旧。专就读书来讲,过去和现在是什么情况呢?整个社会的情况,我说不清。我只能说一说我比较了解的大学和科研机构的情况。我总的印象是：其量颇为可观的学者，知识面不够广，文理科分家的现象还比较严重，对当前世界思想界和科技界最新的发展不够关心，如此等等。特别是理工科的学者普遍轻视文科，这同当前的社会风气和某些人的倡导有关，这里用不着详谈。我只想指出一点：历史和现实情况都告诉我们，没有深厚的文化基础，科技的发展是有限度的。文理泾渭、楚河汉界的想法和做法已经陈旧了。现在国内外有识之士，已经逐渐感到这一点。世界学术发展的方向，即使还不能说是全方位的，但在某一些方面，渐渐消泯文理的鸿沟，你中有我，我中有你。在这种认识的指导下，许多崭新的学科出现了，人们的眼界大大地开阔了，过去没有提过的问题，现在提出来了；过去没有使用过的方法，现在使用起来了。人们眼前豁然开朗。我们面对着真理又向前走近了一步。我在上面曾谈到努力成为一个新人的问题，这就是成为新人的最重要的条件。

　　环顾全球，西方有一些学者已经意识到这个问题。最近几十年来兴起了几门新学科，虽然多以自然科学为出发点，但一旦流布，文科的一些学科也都参加进来。我举两个最著名的例子：一个是模糊学，一个是混沌学。二者原来都属于自然科学，然而其影响所及，早已超出了自然科学的范围。现在以模糊数学为基础，或者说滥觞于模糊数学，接二连三地兴起了一批新的模糊学科，什么模糊逻辑，什么模糊心理，什么模糊语言，什么模糊美学，几乎什么学都模糊,模糊得一塌糊涂。然而,仔细品味起来,其中确有道理,绝不是信口雌黄、哗众取宠。混沌学也有类似的情况,这里不详细讨论了。

我认为,这就是世界学术发展的新动向、新潮流。现在我们考虑学术问题和与学术有关的诸问题,都必须以此为大前提。如果同意这个观点,我们再谈读书问题,就算是有了共识,有了共同的基础。

以上属于务虚的范畴,现在我想谈一点比较实的东西了。我认为,跨世纪的中国人,除了不能读书者或不愿读书者外,能读书的都应该成为一个通人,眼界开阔,心思敏锐,博古通今,知识面广。这里可能有不同的水平,不同的层次,但基本要求则是一致的。中外历史和文化,古今历史和文化都应该懂一点。关于中国史,郭沫若、范文澜、翦伯赞等等诸老的著作都可以拿来一读。但是,不管这些巨著曾经多么辉煌,曾经有多么大的影响,到了今天,诸书的时代烙印太深刻了,难以适应当前的要求。中国通史实有重新编写的必要。对于中国文学史,我也有同样的想法。关于中国思想史,侯外庐、张岂之的著作,还是可以读的。外国的历史和文化,我还没有发现什么特别引人瞩目的著作,无法介绍。关于中国科技史,李约瑟的著作是必读之书。我在这里想着重推荐一本必读书:周一良主编、河南人民出版社出版的《中外文化交流史》。我在很多地方都讲过,文化交流是促进人类社会前进的动力之一。世界上的民族,不论大小,不论历史长短,大都对人类文化各自做出了不同程度的贡献。

说文化是一个民族创造的是法西斯论调。可是，人们往往对文化交流注意不够。实际上，文化交流史是对人民进行爱国主义教育和国际主义教育最好的教材。这样的书应该广泛宣传，广泛阅读。认为它可有可无，是完全错误的。

至于我上面提到的模糊论和混沌论，西方出了不少的书，中国已有介绍。我热切希望读者们能自己选择几本，仔细读一读，必能开阔眼界、增强思路。所有跨世纪的中国有文化能读书的人们，决不应掉以轻心。

最后，我还想说上几句似怪而实不怪的话。所谓"世纪"是人为地创造出来的。如果没有一个耶稣，也就不会有什么世纪。大自然并没有这样的划分。中国古代以干支纪年，在某一个朝代以皇帝的年号来纪年，我们照样能写出二十四史来。但是，现在既然全世界都接受了所谓"公历"，也自有它的方便之处。我们可千万不要忘记，这是人为地制造出来的东西，不必赋予它什么神秘的意义。有些人一提到"世纪末"就战战兢兢，如临深渊，如履薄冰。这是大可不必的，而且似乎有点可笑的。因为在文章的题目中有"跨世纪"这样的字样，所以对"世纪"说了这一番话。

1995年5月7日

对我影响最大的几本书

我是一个最枯燥乏味的人,枯燥到什么嗜好都没有。我自比是一棵只有枝干并无绿叶更无花朵的树。

如果读书也能算是一个嗜好的话,我的唯一嗜好就是读书。

我读的书可谓多而杂,经史子集都涉猎过一点,但极肤浅。小学、中学阶段,我最爱读的是"闲书"(没有用的书),比如《彭公案》《施公案》《济公传》《三侠五义》《小五义》《东周列国志》《说岳》《说唐》等等,读得如醉似痴。《红楼梦》等古典小说是以后才读的。读这样的书是好是坏呢?从我叔父眼中来看,是坏。但是,我却认为是好,至少在写作方面是有帮助的。

至于哪几部书对我影响最大,几十年来我一贯认为是两位大师的著作:在德国是海因里希·吕德斯,我老师的老师,在中国是陈寅恪先生。两个人都是考据大师,方法缜密到神奇的程度。从中也可以看出我个人兴趣之所在。我禀性板滞,不喜欢玄之又玄的哲学。我喜欢能摸得着看得见的东西,而考据正合吾意。

吕德斯是世界公认的梵学大师,研究范围颇广,对印度古代碑铭有独到深入的研究。印度每有新碑铭发现而又无法读通时,大家就说:"到德国去找吕德斯去!"可见吕德斯权威之高。印度两大史诗之一的《摩诃婆罗多》从核心部分起,滚雪球似的一直滚到后来成型的大书,其间共经历了七八百年。谁都知道其中有不少层次,但没有一个人说得清楚。弄清层次问题的又是吕德斯。在佛教研究方面,他主张有一个"原始佛典"(Urkanon),是用古代半摩揭陀语写成的,我个人认为这是千真万确的事,欧美一些学者不同意,却又拿不出半点可信的证据。吕德斯著作极多,中短篇论文集为一书《古代印度语文论丛》,这是我一生受影响最大的著作之一。这书对别人来说,可能是极为枯燥的;但是,对我来说却是一本极为有味、极有灵感的书,读之如饮醍醐。

在中国,影响我最大的书是陈寅恪先生的著作,特别是《寒柳堂集》《金明馆丛稿》。寅恪先生的考据方法同吕德斯先生基本上是一致的。不说空话,无证不信。两人有异曲同工之妙。我常想,寅恪先生从一个不大的切入口切入,如剥春笋,每剥一层,都是信而有征,让你非跟着他走不行,剥到最后,露出核心,也就是得到结论,让你恍然大悟:原来如此,你没有法子不信服。寅恪先生考证不避琐细,但绝不是为考证而考证,小中见大,其中往往含着极大的问题。比如,他考证杨玉环是否以处女入宫。这个问题确极猥琐,不登大雅之堂。无怪一个学者说:这太微不足道了。焉知寅恪先生是想研究李唐皇族的家风。在这个问题上,汉族与少数民族看法是不一样的。寅恪先生从看似细微的问题入手探讨民族问题和文化问题,由小及大,使自己的立论坚实可靠。看来这位说那样话的学者是根本不懂历史的。

在一次闲谈时，寅恪先生问我《梁高僧传》卷九《佛图澄传》中载有铃铛的声音"秀支替戾冈，仆谷劬秃当"是哪一种语言？原文说是羯语，不知何所指？我到今天也回答不出来。由此可见寅恪先生读书之细心，注意之广泛。他学风谨严，在他的著作中到处可以给人以启发。读他的文章，简直是一种最高的享受。读到兴会淋漓时，真想浮一大白。

中、德这两位大师有师徒关系，寅恪先生曾受学于吕德斯先生。这两位大师又同受战争之害，吕德斯生平致力于梵语之研究，几十年来批注不断，二战时手稿被毁。寅恪师生平致力于读《世说新语》，几十年来眉注累累。日寇入侵，逃往云南，此书丢失于越南。假如这两部书能流传下来，对梵学、国学将是无比重要之贡献。然而先后毁失，为之奈何！

1999 年 7 月 30 日

我最喜爱的书

我在下面介绍的只限于中国文学作品,外国文学作品不在其中。我的专业书籍也不包括在里面,因为太冷僻。

一、司马迁《史记》

《史记》这一部书,很多人都认为它既是一部伟大的史籍,又是一部伟大的文学作品。我个人同意这个看法。平常所称的"二十四史"中,尽管水平参差不齐,但是哪一部也不能望《史记》之项背。

《史记》之所以能达到这个水平,司马迁的天才当然是重要原因,但是他的遭遇起的作用似乎更大。他无端受了宫刑,以致郁闷激愤之情溢满胸中,发而为文,句句皆带悲愤。他在《报任少卿书》中已有充分的表露。

二、《世说新语》

这不是一部史书,也不是某一个文学家和诗人的总集,而只是一部由许多颇短的小故事编纂而成的奇书。有些篇只有短短几句话,连小故事也算不上。每一篇几乎都有一句或几句隽语,表面简单淳朴,内容却深奥异常,令人回味无穷。六朝和稍前的一个时期内,社会动乱,出了许多看来脾气相当古怪的人物,外似放诞,内实怀忧。他们的举动与常人不同。此书记录了他们的言行,短短几句话,而栩栩如生,令人难忘。

三、陶渊明的诗

有人称陶渊明为"田园诗人"。笼统言之,这个称号是恰当的。他的诗确实与田园有关。"采菊东篱下,悠然见南山",这样的名句几乎是家喻户晓的。从思想内容上来看,陶渊明颇近道家,中心是纯任自然。从文体上来看,他的诗简易淳朴,毫无雕饰,与当时流行的镂金错彩的骈文,迥异其趣。因此,在当时以及以后的一段时间内,对他的诗的评价并不高,在《诗品》中,仅列为中品。但是,时间越后,评价越高,最终成为中国伟大诗人之一。

四、李白的诗

李白是中国文学史上最伟大的天才之一,这一点是谁都承认的。杜甫对他的诗给予了最高的评价:"白也诗无敌,飘然思不群。清新庾开府,俊逸鲍参军。"李白的诗风飘逸豪放。根据我个人的感受,读他的诗,只要一开始,你就很难停住,必须读下去。原因我认为是,李白的诗一气流转,这一股"气"不可抗御,让你非把诗读完不行。这在别的诗人作品中,是很难遇到的现象。在唐代,以及以后的一千多年中,对李白的诗几乎只有赞誉,而无批评。

五、杜甫的诗

杜甫也是一个伟大的诗人,千余年来,李杜并称。但是,二人的创作风格却迥乎不同：李是飘逸豪放，而杜则是沉郁顿挫。从使用的格律上，也可以看出二人的不同。七律在李白集中比较少见，而在杜集中则颇多。摆脱七律的束缚，李白是没有枷锁跳舞；杜甫善于使用七律，则是戴着枷锁跳舞，二人的舞都达到了极高的水平。在文学批评史上，杜甫颇受到一些人的指摘，而对李白则是绝无仅有。

六、南唐后主李煜的词

后主词传留下来的仅有三十多首，可分为前后两期：前期仍在江南当小皇帝，后期则已降宋。后期词不多，但是篇篇都是杰作，纯用白描，不作雕饰，一个典故也不用，话几乎都是平常的白话，老妪能解；然而意境却哀婉凄凉，千百年来打动了千百万人的心。他在词史上巍然成一大家，受到了文艺批评家的赞赏。但是，对王国维在《人间词话》中赞美后主有佛祖的胸怀，我却至今尚不能解。

七、苏轼的诗、文、词

中国古代赞誉文人有三绝之说。三绝者，诗、书、画三个方面皆能达到极高水平之谓也。苏轼至少可以说已达到了五绝：诗、书、画、文、词。因此，我们可以说，苏轼是中国文学史和艺术史上的最全面的伟大天才。论诗，他为宋代一大家；论文，他是唐宋八大家之一；论画，他笔墨凝重，大气磅礴；论书，他是宋代苏、黄、米、蔡四大家之首；论词，他摆脱了婉约派的传统，创豪放派，与辛弃疾并称。

八、纳兰性德的词

宋代以后,中国词的创作到了清代又掀起了一个新的高潮。名家辈出,风格不同,又都能各极其妙,实属难能可贵。在这群灿若明星的词家中,我独独喜爱纳兰性德。他是大学士明珠的儿子,生长于荣华富贵中,然而却胸怀愁思,流溢于楮墨之间。这一点我至今还难以得到满意的解释。从艺术性方面来看,他的词可以说是已经达到了完美的境界。

九、吴敬梓的《儒林外史》

胡适之先生给予《儒林外史》极高的评价。诗人冯至也酷爱此书。我自己也是极为喜爱《儒林外史》的。

此书的思想内容是反科举制度,昭然可见,用不着细说。它的特点在艺术性上。吴敬梓惜墨如金,从不作冗长的描述。书中人物众多,各有特性,作者只讲一个小故事,或用短短几句话,活脱脱一个人就仿佛站在我们眼前,栩栩如生。这种特技极为罕见。

十、曹雪芹的《红楼梦》

在古今中外众多的长篇小说中,《红楼梦》是一颗璀璨的明珠,是状元。中国其他长篇小说都没能成为"学",而"红学"则是显学。内容描述的是一个大家族衰败的过程。本书特异之处也在它的艺术性上。书中人物众多,男女老幼、主子奴才、五行八作,应有尽有。作者有时只用寥寥数语而人物就活灵活现,让读者永远难忘。读这样一部书，主要是欣赏它的高超的艺术手法。那些把它政治化的无稽之谈，都是不可取的。

2001 年 3 月 21 日

十年回顾

自己觉得德国十年的学术回忆好像是写完了。但是，仔细一想，又好像是没有写完，还缺少一个总结回顾，所以又加上了这一段。把它当作回忆的一部分，或者让它独立于回忆之外，都是可以的。

在我一生六十多年的学术研究的过程中，德国十年是至关重要的关键性的十年。我在上面已经提到过，如果我的学术研究有一个发轫期的话，真正的发轫不是在清华大学，而是在德国哥廷根大学。我也提到过，如果我不是出于一个非常偶然的机遇来到德国的话，我的一生将会完完全全是另一个样子。我今天究竟会在什么地方，还能不能活着，都是一个未知数。

但是，这个十年并不是一个简单的十年，有它辉煌成功的一面，也有它阴暗悲惨的一面。所有这一切都比较详细地写在我的《留德十年》一书中，读者如有兴趣，可参阅。因为我现在写的自述重点是在学术；在生活方面，如无必要，我不涉及。我在上面写的我在哥廷根十年的学术活动，主要以学术论文为经，写出了我的经验与教训。我现在想以读书为纲，写我读书的情况。我辈知识分子一辈子与书为伍，不是写书，就是读书，二者是并行的，是非并行不可的。

我已经活过了八个多十年，已经到了望九之年。但是，在读书条件和读书环境方面，哪一个十年也不能同哥廷根的十年相比。在生活方面，我是一个最枯燥乏味的人，所有玩的东西，我几乎全不会，也几乎全无兴趣。我平生最羡慕两种人：一个是画家，一个是音乐家。而这两种艺术是最需天才的，没有天赋而勉强对付，决无成就。可是造化小儿偏偏跟我开玩笑，只赋予我这方面的兴趣，而不赋予我那方面天才。《汉书·董仲舒传》说："古人有言曰：'临渊羡鱼，不如退而结网。'"我极想"退而结网"，可惜找不到结网用的绳子，一生只能做一个"羡鱼"者。我自己对我这种个性也并不满意。我常常把自己比做一盆花，只有枝干而没有绿叶，更谈不到有什么花。

在哥廷根的十年，我这种怪脾气发挥得淋漓尽致。哥廷根是一个小城，除了一个剧院和几个电影院以外，任何消遣的地方都没有。我又是一介穷书生，没有钱，其实也是没有时间冬夏两季到高山和海滨去旅游。我所有的仅仅是时间和书籍。学校从来不开什么会。有一些学生会偶尔举行晚会跳舞。我去了以后，也只能枯坐一旁，呆若木鸡。这里中国学生也极少，有一段时间，全城只有我一个中国人。这种孤独寂静的环境，正好给了我空前绝后的读书的机会。我在国内不是没有读过书，但是，从广度和深度两个方面来看，什么时候也比不上在哥廷根。

我读书有两个地方，分两大种类，一个是有关梵文、巴利文和吐火罗文等等的书籍，一个是汉文的书籍。我很少在家里读书，因为我没有钱买专业图书，家里这方面的书非常少。在家里，我只在晚上临睡前读一些德文的小说，Thomas Mann 的名著《Buddenbroooks》就是这样读完的。我早晨起床后在家里吃早点，早点极简单，只有两片面包与一点黄油和香肠。到了后来，第二次世界大战爆发后，首先在餐桌上消逝的是香肠，后来是黄油，最后只剩一片有鱼腥味的面包了。最初还有茶可喝，后来只能喝白开水了。早点后，我一般是到梵文研究所去，在那里一待就是一天，午饭在学生食堂或者饭馆里吃，吃完就回研究所。整整十年，不懂什么叫午睡，德国人也没有午睡的习惯。

我读梵文、巴利文、吐火罗文的书籍，一般都是在梵文研究所里。因此，我想先把梵文研究所图书收藏的情况介绍一下。哥廷根大学的各个研究所都有自己的图书室。梵文图书室起源于何时、何人，我当时就没有细问。可能是源于 Franz Kielhom，他是哥廷根大学的第一个梵文教授。他在印度长年累月搜集到的一些极其珍贵的碑铭的拓片，都收藏在研究所对面的大学图书馆里。他的继任人 Hermann Oldenberg 在他逝世后把大部分藏书都卖给了或者赠给了梵文研究所。其中最珍贵的还不是已经出版的书籍，而是零篇的论文。当时 Oldenberg 是国际上赫赫有名的梵学大师，同全世界各国的同行们互通声气，对全世界梵文研究的情况了如指掌。广通声气的做法不外一是互相邀请讲学，二是互赠专著和单篇论文。专著易得，而单篇论文，由于国别太多，杂志太多，搜集颇为困难。只有像 Oldenberg 这样的大学者才有可能搜集比较完备。Oldenberg 把这些单篇论文都装订成册，看样子是按收到时间的先后顺序装订起来的，并没有分类。皇皇几十巨册，整整齐齐地排列书架上。我认为，这些零篇论文是梵文研究所的镇所之宝。除了这些宝贝以外，其他梵文、巴利文一般常用的书都应有尽有。其中也不乏名贵的版本，比如 Max Müller 校订出版的印度最古的典籍《梨俱吠陀》原刊本，Whitney 校订的《阿闼婆吠陀》原刊本。Boehtlingk 和 Roth 的被视为词典典范的《圣彼德堡梵文大词典》原本和缩短本，也都是难得的书籍。至于其他字典和工具书，无不应有尽有。

我每天几乎是一个人坐拥书城，"躲进小楼成一统"，我就是这些宝典的伙伴和主人，它们任我支配，其威风虽南面王不易也。整个 Gauss-Weber-Haus 平常总是非常寂静，里面的人不多，而德国人又不习惯于大声说话，干什么事都只静悄悄的。门外介于研究所与大学图书馆之间的马路，是通往车站的交通要道；但是哥廷根城还不见汽车，于是本应该喧阗的马路，也如"结庐在人境，而无车马喧"。这真是一个读书最理想的地方。

除了礼拜天和假日外，我每天就到这里来。主要工作是同三大厚册的 Mahāvastu 拼命。一旦感到疲倦，就站起来，走到摆满了书的书架旁，信手抽出一本书来，或浏览，或仔细阅读。积时既久，我对当时世界上梵文、巴利文和佛教研究的情况，心中大体上有一个轮廓。世界各国的有关著作，这里基本上都有。德国还有一种特殊的购书制度，除了大学图书馆有充足的购书经费之外，每一个研究所都有自己独立的购书经费，教授可以任意购买他认为有用的书，不管大学图书馆是否有复本。当 Waldschmidt 被征从军时，这个买书的权力就转到了我的手中。我愿意买什么书，就买什么书。书买回来以后，编目也不一定很科学，把性质相同或相类的书编排在一起就行了。借书是绝对自由的，有一个借书簿，自己写上借出书的书名、借出日期；归还时，写上一个归还日期就行了。从来没有人来管，可是也从来没有丢过书，不管是多么珍贵的版本。除了书籍以外，世界各国有关印度学和东方学的杂志，这里也应有尽有。总之，这是一个很不错的专业图书室。

我就是在这样的情况下畅游于书海之中。我读书粗略地可以分为两类：一类是细读的，一类是浏览的。细读的数目不可能太多。学梵文必须熟练地掌握语法。我上面提到的 Stenzler 的《梵文基础读本》，虽有许多优点，但是毕竟还太简略，入门足够，深入却难。在这时候必须熟读 Kielhom 的《梵文文法》，我在这一本书上下过苦工夫，读了不知多少遍。其次，我对 Oldenberg 的几本书，比如《佛陀》等等都从头到尾细读过。他的一些论文，比如分析 Mahāvastu 的文体的那一篇，为了写论文，我也都细读过。Whitney 和 Wackernagel 的梵文文法，Debruner 续 Wackernagel 的那一本书，以及 W.Geiger 的关于巴利文的著作，我都下过功夫。但是，我最服膺的还是我的太老师 Heinrich Lüders，他的书，我只要能得到，就一定仔细阅读。他的论文集 philologica Indica 是一部很大的书，我从头到尾仔细读过一遍，有的文章读过多遍。像这样研究印度古代语言、宗教、文学、碑铭等的对一般人来说都是极为枯燥、深奥的文章，应该说是最乏味的东西。喜欢读这样文章的人恐怕极少极少，然而我却情有独钟；我最爱读中外两位大学者的文章，中国是陈寅恪先生，西方就是Lüders先生。这两位大师实有异曲同工之妙。他们为文，如剥春笋，一层层剥下去，愈剥愈细；面面俱到，巨细无遗，叙述不讲空话，论证必有根据；从来不引僻书以自炫，所引者多为常见书籍；别人视而不见的，他们偏能注意；表面上并不艰深玄奥，于平淡中却能见神奇；有时真如"山重水复疑无路"，转眼间"柳暗花明又一村"；迂回曲折，最后得出结论，让你顿时觉得豁然开朗，口服心服。人们一般读文学作品能得美感享受，身轻神怡。然而我读两位大师的论文时得到的美感享受，与读文学作品时所得到的迥乎不同，却似乎更深更高。也许有人会认为这是我个人的怪癖，我自己觉得，这确实是"癖"，然而毫无"怪"可言。"此中有真意，欲辨已忘言"，实不足为外人道也。

　　上面谈的是我读梵文著作方面的一些感受。但是，当时我读的书绝不限于梵文典籍。我在上面已经说到，哥廷根大学有一个汉学研究所。所内有一个比梵文研究所图书室大到许多倍的汉文图书室。为什么比梵文图书室大这样多呢？原因是大学图书馆中没有收藏汉籍，所有的汉籍以及中国少数民族的语言，如藏文、蒙文、西夏文、女真文之类的典籍都收藏在汉学研究所中。这个所的图书室，由于 Gustav Haloun 教授的惨淡经营，大量从中国和日本购进汉文典籍，在欧洲颇有点名气。我曾在那里会见过许多世界知名的汉学家，比如英国的 Athur Waley 等等。汉学研究所所在的大楼比 Gauss-Weber-Haus 要大得多，也宏伟得多，房子极高极大。汉学研究所在二楼上，上面还有多少层，我不清楚。我始终也没有弄清楚，偌大一座大楼是做什么用的。十年之久，我不记得，除了打扫卫生的一位老太婆，还在这里见到过什么人。院子极大，有极高极粗的几棵古树，样子都有五六百年的树龄，地上绿草如茵。楼内楼外，干干净净，比梵文研究所更寂静，也更幽雅，真是读书的好地方。

我每个礼拜总来这里几次，有时是来上课，更多地是来看书。我看得最多的是日本出版的《大正新修大藏经》。有一段时间，我帮助 Waldschmidt 查阅佛典。他正写他那一部有名的关于释迦牟尼涅槃前游行的叙述的大著。他校刊新疆发现的佛经梵文残卷，也需要汉译佛典中的材料，特别是唐义净译的那几部数量极大的"根本说一切有部律"。至于我自己读的书，则范围广泛。十几万册汉籍，本本我都有兴趣。到了这里，就仿佛回到了祖国一般。我记得这里藏有几部明版的小说。是否是宇内孤本，因为我不通此道，我说不清楚。即使是的话，也都埋在深深的"矿井"中，永世难见天日了。自从 1937 年 Gustav Haloun 教授离开哥廷根大学到英国剑桥大学去任汉学讲座教授以后，有很长一段时间，汉学研究所就由我一个人来管理。我每次来到这里，空荡荡的六七间大屋子就只有我一个人，万籁俱寂，静到能听到自己心跳的声音。在绝对的寂静中，我盘桓于成排的大书架之间，架上摆的是中国人民智慧的结晶，我心中充满了自豪感。我翻阅的书很多，但是我读得最多的还是一大套上百册的中国笔记丛刊，具体的书名已经忘记了。笔记是中国特有的一种著述体裁，内容包罗万象，上至宇宙，下至鸟兽虫鱼，以及身边琐事、零星感想，还有一些历史和科技的记述，利用得好，都是十分有用的资料。我读完了全套书，可惜我当时还没有研究糖史的念头，很多有用的资料白白地失掉了。及今思之，悔之晚矣。

我在哥廷根读梵、汉典籍，情况大体如此。